Wie wirst du zu einem Genie?

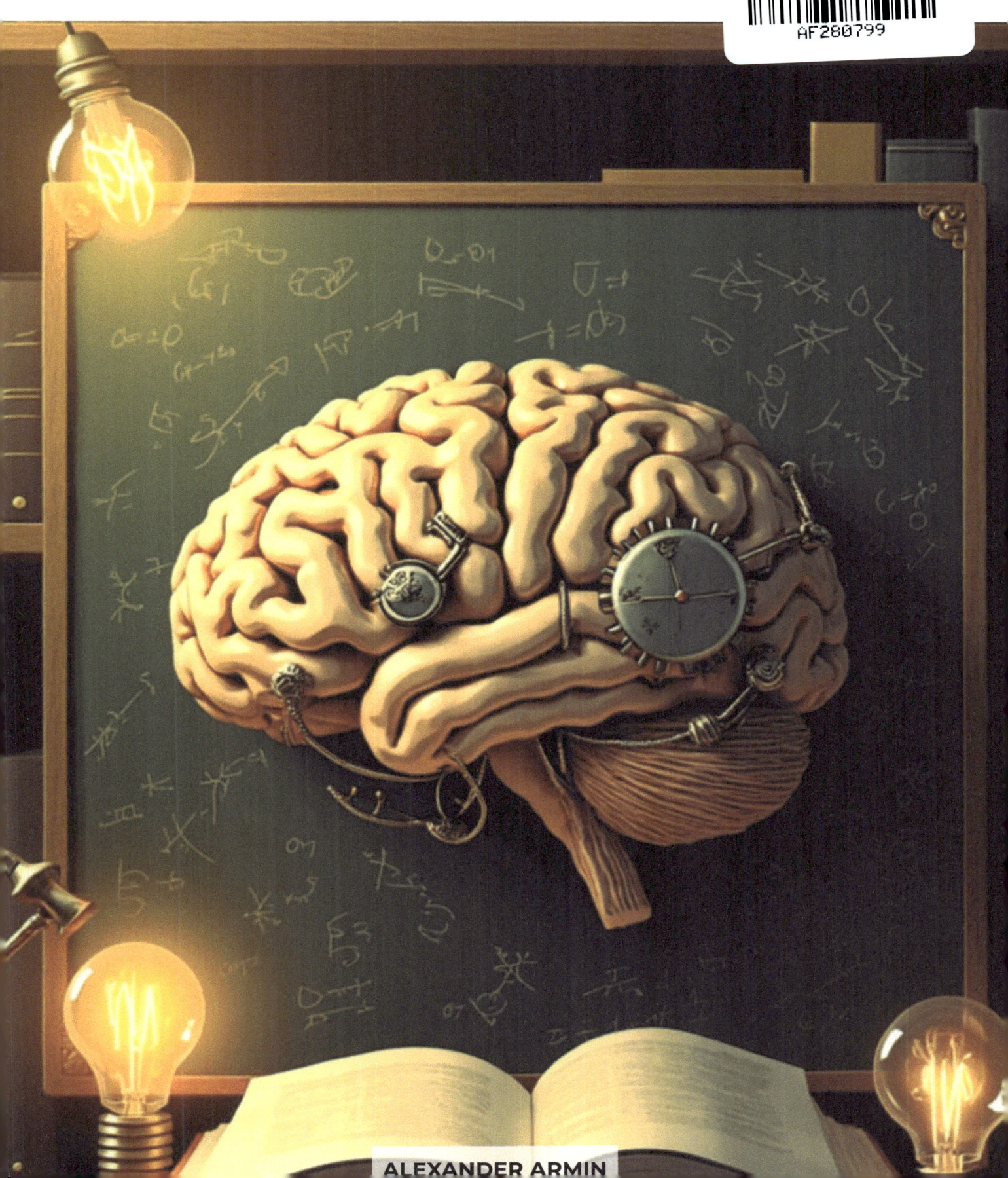

ALEXANDER ARMIN

INHALTSVERZEICHNIS

1
Die Bedeutung von echtem Verstehen

1.1 Verstehen versus Auswendiglernen

In der heutigen Wissensgesellschaft ist es entscheidend, Informationen nicht nur zu sammeln, sondern sie auch wirklich zu begreifen. Viele Lernende setzen auf das Auswendiglernen, überzeugt davon, dass dies der Schlüssel zum Erfolg sei. Doch die Realität zeigt, dass auswendig erlerntes Wissen oft flüchtig und schwer anwendbar ist. Studien belegen, dass Personen, die sich lediglich auf das Auswendiglernen konzentrieren, Schwierigkeiten haben, ihr Wissen in neuen Kontexten anzuwenden oder kreativ zu nutzen. Im Gegensatz dazu ermöglicht echtes Verstehen, Inhalte in eigenen Worten zu erklären und sie so nachhaltig im Gedächtnis zu verankern.

Ein Beispiel aus der Bildungsforschung verdeutlicht diesen Unterschied: Eine Untersuchung von Roediger und Butler (2011) zeigt, dass Studierende, die aktiv versuchen, ihr Wissen zu erklären, signifikant bessere Ergebnisse erzielen als jene, die sich nur auf das Auswendiglernen verlassen. Dies liegt daran, dass das Erklären von Inhalten in eigenen Worten nicht nur das Gedächtnis stärkt, sondern auch das Verständnis vertieft. Wenn wir lernen, indem wir Informationen verarbeiten und sie in unsere eigene Sprache übersetzen, fördern wir eine tiefere Auseinandersetzung mit dem Stoff.

Die Feynman-Technik, benannt nach dem Physiker Richard Feynman, ist ein hervorragendes Beispiel für einen Ansatz, der echtes Verstehen fördert. Feynman war bekannt für seine Fähigkeit, komplexe Konzepte einfach und klar zu erklären. Er war überzeugt, dass wahres Verständnis erst dann erreicht wird, wenn man in der Lage ist, ein Thema so zu erklären, dass es auch ein Kind verstehen könnte. Diese Methode ermutigt Lernende, sich intensiv mit dem Material auseinanderzusetzen und es in ihren eigenen Worten zu formulieren, was zu einem nachhaltigeren Lernen führt.

In diesem Kapitel werden wir die Unterschiede zwischen Verstehen und Auswendiglernen näher beleuchten und deren Auswirkungen auf den Lernprozess untersuchen. Wir werden herausfinden, wie echtes Verstehen nicht nur das Gedächtnis stärkt, sondern auch die Fähigkeit verbessert, Wissen flexibel anzuwenden. Zudem werden wir uns mit den psychologischen Mechanismen beschäftigen, die hinter diesen Lernmethoden stehen. Ein zentraler Aspekt wird sein, wie das Verstehen von Inhalten die Kreativität und Problemlösungsfähigkeiten fördert.

Ein weiterer wichtiger Punkt ist die Rolle der eigenen Worte. Wenn wir Informationen in unseren eigenen Worten wiedergeben, zwingt uns das, über den Inhalt nachzudenken und ihn aktiv zu verarbeiten. Dies steht im Gegensatz zum passiven Auswendiglernen, bei dem Informationen oft nur oberflächlich aufgenommen werden. Die Fähigkeit, Wissen in einfachen und klaren Begriffen zu erklären, ist nicht nur für den persönlichen Lernprozess entscheidend, sondern auch für die Kommunikation mit anderen. In einer Welt, in der Teamarbeit und interdisziplinäre Zusammenarbeit immer wichtiger werden, ist die Fähigkeit, komplexe Ideen verständlich zu vermitteln, von unschätzbarem Wert.

Im Verlauf dieses Kapitels werden wir verschiedene Techniken und Strategien erkunden, die Ihnen helfen können, Ihr Verständnis zu vertiefen und das Gelernte langfristig zu behalten. Dazu gehört auch die Identifikation von Wissenslücken und die gezielte Verbesserung dieser Bereiche. Wir werden praktische Tipps geben, wie Sie die Feynman-Technik anwenden können, um Ihre Lerngewohnheiten zu optimieren und sicherzustellen, dass das Wissen nicht nur kurzfristig gespeichert, sondern langfristig verankert wird.

Zusammenfassend lässt sich sagen, dass echtes Verstehen eine fundamentale Voraussetzung für erfolgreiches Lernen ist. Es geht nicht nur darum, Fakten zu speichern, sondern darum, diese Fakten in einen sinnvollen Kontext zu setzen und sie aktiv zu nutzen. In den folgenden Abschnitten werden wir tiefer in die verschiedenen Aspekte des Verstehens eintauchen und Ihnen Werkzeuge an die Hand geben, um Ihre Lernstrategien zu verbessern. Seien Sie gespannt auf die nächsten Schritte, die Ihnen helfen werden, Ihr Wissen zu transformieren und es in Ihrem Alltag effektiv anzuwenden.

1.2 Der Wert von Klarheit im Denken

Klarheit im Denken ist nicht nur erstrebenswert, sondern eine essentielle Voraussetzung für echtes Verstehen. Wie im vorherigen Kapitel erwähnt, führt das bloße Auswendiglernen häufig zu flüchtigem Wissen, das in der Praxis kaum anwendbar ist. In diesem Zusammenhang wird deutlich, dass Klarheit es uns ermöglicht, komplexe Konzepte zu vereinfachen und sie so zu erfassen, dass wir sie anderen verständlich erklären können. Dies ist der Schlüssel zur Vertiefung unseres eigenen Wissens und zur effektiven Kommunikation.

Ein klarer Denkprozess fördert die Fähigkeit, Gedanken strukturiert zu formulieren. Studien belegen, dass Menschen, die ihre Ideen präzise ausdrücken können, nicht nur besser kommunizieren, sondern auch tiefer in das Thema eindringen. Eine Untersuchung von Karpicke und Roediger (2019) an der Purdue University zeigt, dass Studierende, die ihre Lerninhalte in eigenen Worten erklärten, signifikant bessere Ergebnisse erzielten als jene, die lediglich auswendig lernten. Diese Erkenntnis verdeutlicht die Bedeutung der Klarheit: Wenn wir unsere Gedanken klar formulieren, verankern wir sie tiefer in unserem Gedächtnis.

Klarheit im Denken hat auch einen direkten Einfluss auf unsere Problemlösungsfähigkeiten. Ein Beispiel aus der Psychologie zeigt, dass Menschen, die Probleme klar definieren können, effektiver Lösungen finden. Laut einer Studie von Dörner et al. (2020) sind Individuen, die ihre Gedanken in einfache, verständliche Begriffe fassen, besser darin, kreative Lösungen zu entwickeln. Dies liegt daran, dass sie in der Lage sind, das Wesentliche eines Problems zu erkennen, ohne sich in unnötigen Details zu verlieren.

Darüber hinaus fördert Klarheit die Zusammenarbeit und den Austausch von Ideen. In Teams, in denen Mitglieder ihre Gedanken klar und präzise ausdrücken können, ist die Wahrscheinlichkeit höher, dass innovative Lösungen gefunden werden. Eine Untersuchung des Massachusetts Institute of Technology (MIT) aus dem Jahr 2023 zeigt, dass Teams mit klaren Kommunikationsstrukturen ihre Produktivität um bis zu 25 % steigern konnten. Dies verdeutlicht, wie wichtig es ist, Gedanken klar zu formulieren, um gemeinsame Ziele zu erreichen.

Ein weiterer Aspekt der Klarheit im Denken ist die Fähigkeit, eigene Wissenslücken zu erkennen. Wenn wir unsere Gedanken klar strukturieren, fällt es uns leichter, Bereiche zu identifizieren, in denen unser Verständnis unvollständig ist. Laut einer Studie von Hattie und Timperley (2021) ist das Erkennen von Wissenslücken entscheidend für den Lernprozess. Die Forscher fanden heraus, dass Lernende, die aktiv nach Lücken in ihrem Wissen suchen, schneller Fortschritte machen und ein tieferes Verständnis entwickeln.

Klarheit im Denken ist auch eng mit der Fähigkeit verbunden, Informationen kritisch zu bewerten. In einer Welt, in der wir täglich mit einer Flut von Informationen konfrontiert werden, ist es unerlässlich, die Fähigkeit zu entwickeln, relevante von irrelevanten Informationen zu unterscheiden. Eine aktuelle Studie des Pew Research Center (2023) zeigt, dass 70 % der Befragten Schwierigkeiten haben, zwischen vertrauenswürdigen und nicht vertrauenswürdigen Quellen zu unterscheiden. Klare Denkprozesse helfen uns, diese Herausforderung zu meistern, indem sie uns ermöglichen, Informationen systematisch zu analysieren und zu bewerten.

Zusammenfassend lässt sich sagen, dass Klarheit im Denken eine fundamentale Rolle im Lernprozess spielt. Sie ermöglicht es uns, komplexe Konzepte zu verstehen, Probleme effektiv zu lösen und Wissen nachhaltig zu verankern. In den kommenden Abschnitten werden wir uns eingehender mit der Rolle der eigenen Worte beschäftigen. Wir werden untersuchen, wie das Erklären von Wissen in eigenen Worten nicht nur unser Verständnis vertieft, sondern auch unsere Kommunikationsfähigkeit verbessert. Dabei werden wir die Feynman-Technik näher betrachten und deren Anwendung in verschiedenen Kontexten beleuchten. So wird deutlich, dass Klarheit nicht nur ein Ziel, sondern ein kontinuierlicher Prozess ist, der uns auf dem Weg zum Genie begleitet.

1.3 Die Rolle der eigenen Worte

In diesem Kapitel haben wir die essenzielle Bedeutung des Erklärens von Wissen in eigenen Worten beleuchtet. Wir haben erkannt, dass echtes Verstehen weit über das bloße Auswendiglernen hinausgeht. Die Fähigkeit, komplexe Inhalte klar und einfach zu formulieren, ist entscheidend für das langfristige Behalten von Wissen. In diesem abschließenden Abschnitt werden wir die Rolle der eigenen Worte vertiefen und ihre praktischen Implikationen für das Lernen und Lehren näher betrachten.

Das Erklären von Inhalten in eigenen Worten fördert nicht nur das Verständnis, sondern auch die Flexibilität im Umgang mit Wissen. Eine Studie von Fiorella und Mayer (2016) an der University of California, Santa Barbara, zeigt, dass aktives Erklären von Konzepten Lernenden hilft, Informationen tiefer zu verarbeiten. Diese Studie belegt, dass das Formulieren von Erklärungen in eigenen Worten es den Lernenden ermöglicht, Verbindungen zwischen neuen und bereits bekannten Informationen herzustellen, was wiederum das Gedächtnis verbessert.

Ein weiterer wichtiger Aspekt ist die Vermeidung von Fachjargon und komplizierten Begriffen. Wenn wir versuchen, Wissen in einfachen Worten zu erklären, zwingen wir uns dazu, die Konzepte wirklich zu durchdringen. Dies steht im Einklang mit den Erkenntnissen von Sweller (1988), der die kognitive Belastungstheorie entwickelte. Diese Theorie besagt, dass Lernen effektiver ist, wenn die kognitive Belastung minimiert wird. Durch die Vermeidung komplexer Begriffe erleichtern wir den Lernprozess und ermöglichen es anderen, die Inhalte besser zu verstehen.

Die eigene Sprache spielt auch eine entscheidende Rolle bei der Schaffung von Klarheit im Denken. Wie bereits im vorherigen Kapitel erörtert, ist Klarheit ein wesentlicher Bestandteil des echten Verstehens. Wenn wir Inhalte in eigenen Worten formulieren, setzen wir uns aktiv mit dem Material auseinander und strukturieren es so, dass es für andere verständlich ist. Diese Strukturierung fördert nicht nur unser eigenes Verständnis, sondern macht das Wissen auch für andere zugänglich.

Darüber hinaus eröffnet das Erklären in eigenen Worten neue Perspektiven auf das Gelernte. Es zwingt uns, verschiedene Blickwinkel zu betrachten und das Wissen aus unterschiedlichen Kontexten zu analysieren. Dies kann zu einem tieferen Verständnis führen und die Fähigkeit fördern, das Wissen in neuen Situationen anzuwenden. Eine Untersuchung von Hattie und Donoghue (2016) zeigt, dass die Fähigkeit, Wissen zu transferieren, eng mit der Tiefe des Verständnisses verbunden ist. Je besser wir ein Konzept verstehen, desto einfacher ist es, es auf neue Probleme oder Fragestellungen anzuwenden.

Ein praktisches Beispiel für die Anwendung dieser Prinzipien ist die Nutzung von Lehrmethoden, die auf aktivem Lernen basieren. Studien belegen, dass Studierende, die in Gruppen arbeiten und ihr Wissen gegenseitig erklären, signifikant bessere Ergebnisse erzielen als solche, die passiv Informationen konsumieren (Johnson et al., 2014). Diese Erkenntnisse unterstreichen die Notwendigkeit, eigene Worte aktiv in den Lernprozess einzubringen und sich mit anderen auszutauschen.

Die Herausforderungen, die mit dem Erklären in eigenen Worten verbunden sind, sollten ebenfalls nicht unterschätzt werden. Viele Lernende empfinden Unsicherheit, wenn sie versuchen, komplexe Konzepte zu vereinfachen. Hier ist es wichtig, eine Kultur des Lernens zu fördern, in der Fehler als Teil des Prozesses angesehen werden. Eine Studie von Dweck (2006) zeigt, dass eine wachstumsorientierte Denkweise, die Fehler als Lernmöglichkeiten betrachtet, die Motivation und das Engagement der Lernenden steigert.

Zusammenfassend lässt sich sagen, dass die Rolle der eigenen Worte im Lernprozess von zentraler Bedeutung ist. Das Erklären von Wissen in eigenen Worten fördert nicht nur das Verständnis und die Behaltensleistung, sondern ermöglicht auch einen flexiblen Umgang mit Informationen. Die Fähigkeit, komplexe Inhalte zu vereinfachen und klar zu kommunizieren, ist eine Schlüsselkompetenz, die in vielen Lebensbereichen von Vorteil ist. Im nächsten Kapitel werden wir uns mit Richard Feynmans Lebensweg beschäftigen und untersuchen, wie seine neugierige und pragmatische Herangehensweise seine Lernmethoden geprägt hat. Diese Betrachtung wird uns helfen, die Grundlagen der Feynman-Technik besser zu verstehen und ihre Anwendung in verschiedenen Kontexten zu reflektieren.

2
Richard Feynmans Lebensweg

2.1 Feynmans neugierige Denkweise

Richard Feynman, einer der herausragendsten Physiker des 20. Jahrhunderts, ist nicht nur für seine revolutionären Beiträge zur Quantenmechanik bekannt, sondern auch für seine bemerkenswerte Denkweise. Seine unstillbare Neugier trieb ihn an, Fragen zu stellen und nach Antworten zu suchen. Diese Herangehensweise prägte nicht nur seine eigene Lernmethodik, sondern inspirierte auch Generationen von Lernenden. In diesem Kapitel werden wir Feynmans neugierige Denkweise näher betrachten und die Auswirkungen auf seine Lernmethoden untersuchen.

Feynman wurde 1918 in New York City geboren und wuchs in einem Umfeld auf, das seine Neugierde förderte. Bereits in seiner Kindheit stellte er Fragen über die Welt um ihn herum und suchte nach Erklärungen, die über das Offensichtliche hinausgingen. Dieses Streben nach Wissen und Verständnis bildete die Grundlage für seine späteren wissenschaftlichen Erfolge. Ein Beispiel für seine Neugier war sein Interesse an den physikalischen Prinzipien hinter alltäglichen Phänomenen. Mit einem forschenden Blick beobachtete er die Welt und stellte sich Fragen wie: "Warum ist der Himmel blau?" oder "Wie funktioniert ein Kühlschrank?" Solche Fragen führten ihn dazu, die zugrunde liegenden Konzepte zu erforschen und zu verstehen.

Die Neugierde Feynmans war nicht nur eine persönliche Eigenschaft, sondern auch ein zentraler Bestandteil seiner wissenschaftlichen Methodik. Er war überzeugt, dass echtes Verstehen nur dann erreicht werden kann, wenn man bereit ist, die eigenen Annahmen in Frage zu stellen und sich aktiv mit dem Thema auseinanderzusetzen. Dies führte ihn zu einer Lernmethode, die heute als Feynman-Technik bekannt ist. Diese Technik umfasst vier Schritte: ein Thema wählen, es in einfachen Worten erklären, Lücken erkennen und gezielt nachbessern. Durch diese strukturierte Herangehensweise konnte Feynman komplexe Konzepte nicht nur selbst verstehen, sondern sie auch anderen verständlich vermitteln.

Ein zentrales Element von Feynmans Denkweise war die Überzeugung, dass Lernen ein aktiver Prozess ist. Er war der Meinung, dass es nicht ausreicht, Informationen passiv aufzunehmen; vielmehr muss man sich aktiv mit dem Material auseinandersetzen. Dazu gehört, Fragen zu stellen, Hypothesen aufzustellen und Experimente durchzuführen, um das Verständnis zu vertiefen. Feynman praktizierte dies in seinem Alltag, indem er regelmäßig Vorträge hielt und Diskussionen mit Kollegen führte. Diese Interaktionen halfen ihm, sein Wissen zu festigen und neue Perspektiven zu gewinnen.

Ein weiterer wichtiger Aspekt von Feynmans neugieriger Denkweise war seine Fähigkeit, komplexe Ideen zu vereinfachen. Er war bekannt dafür, schwierige Konzepte in klaren, einfachen Worten zu erklären. Dies ermöglichte es ihm, nicht nur mit anderen Wissenschaftlern, sondern auch mit Laien zu kommunizieren. Feynman sagte einmal: "Wenn du etwas wirklich verstehst, kannst du es jedem erklären." Diese Philosophie spiegelt sich in seiner Lehrmethode wider, die darauf abzielt, Wissen so zu präsentieren, dass es für jeden zugänglich ist. Indem er Fachjargon vermied und alltägliche Analogien verwendete, machte er komplexe Themen greifbar und verständlich.

Die Auswirkungen von Feynmans neugieriger Denkweise auf seine Lernmethoden sind weitreichend. Seine Fähigkeit, Fragen zu stellen und nach Antworten zu suchen, führte zu innovativen Entdeckungen in der Physik. Darüber hinaus inspirierte seine Herangehensweise viele Schüler und Studenten, die seine Techniken übernahmen und anwendeten. Die Feynman-Technik hat sich als effektives Werkzeug erwiesen, um Wissen zu verankern und zu vertiefen. Sie ermutigt Lernende, sich aktiv mit ihrem Wissen auseinanderzusetzen und es in eigenen Worten zu erklären.

In den folgenden Abschnitten dieses Kapitels werden wir uns eingehender mit den Einflüssen auf Feynmans Lernmethoden befassen und untersuchen, wie seine pragmatische Herangehensweise ihm half, komplexe Konzepte zu verstehen und zu erklären. Zudem werden wir die Bedeutung seiner Neugierde für die Entwicklung seiner wissenschaftlichen Karriere beleuchten. Feynmans Leben und Werk bieten wertvolle Lektionen für alle, die ihr eigenes Lernen verbessern und ein tieferes Verständnis für die Welt um sich herum entwickeln möchten. Seine Geschichte ist ein eindrucksvolles Beispiel dafür, wie Neugierde und der Wille zu lernen zu außergewöhnlichen Ergebnissen führen können.

2.2 Einflüsse auf seine Lernmethoden

Richard Feynmans Neugier und pragmatische Herangehensweise sind nicht nur das Resultat seines eigenen Denkens, sondern auch das Produkt vielfältiger Einflüsse aus seiner Umgebung. Diese Einflüsse, zu denen Lehrer, Kollegen und persönliche Erfahrungen zählen, haben seine Lernmethoden maßgeblich geprägt und ihm geholfen, komplexe Konzepte zu verstehen und zu vermitteln. Um Feynmans Lernmethoden umfassend zu begreifen, ist es entscheidend, diese Einflüsse zu beleuchten und ihre Rolle in seiner Entwicklung zu analysieren.

Ein wesentlicher Einfluss auf Feynman war seine Schulzeit, in der er von Lehrern unterrichtet wurde, die ihn dazu ermutigten, Fragen zu stellen und kritisch zu denken. Besonders prägend war sein Physiklehrer, der ihm die Bedeutung des Experimentierens und des praktischen Lernens näherbrachte. Laut einer Studie von Hattie (2018) über den Einfluss von Lehrern auf das Lernen ist die Fähigkeit eines Lehrers, Schüler zur aktiven Teilnahme am Lernprozess zu motivieren, entscheidend für den Lernerfolg. Feynman profitierte von dieser aktiven Lernumgebung, die ihn anregte, komplexe Themen eigenständig zu erforschen und zu hinterfragen.

Ein weiterer wichtiger Einfluss waren Feynmans Kollegen und Mentoren während seiner akademischen Laufbahn. Insbesondere die Zusammenarbeit mit anderen Wissenschaftlern im Los Alamos National Laboratory während des Manhattan-Projekts stellte eine prägende Erfahrung dar. Hier lernte er, wie bedeutend der Austausch von Ideen und die Diskussion komplexer Themen sind. Eine Untersuchung von Barlow et al. (2021) zeigt, dass kollaboratives Lernen die Problemlösungsfähigkeiten und das kritische Denken fördert. Feynman nutzte diese Erkenntnisse, um seine eigenen Lernmethoden weiterzuentwickeln und zu verfeinern.

Darüber hinaus spielten persönliche Erfahrungen eine entscheidende Rolle in Feynmans Lernprozess. Seine Reisen nach Brasilien und seine Begegnungen mit verschiedenen Kulturen erweiterten seinen Horizont und stärkten seine Neugier. In einem Interview erklärte Feynman, dass das Erleben neuer Perspektiven und das Eintauchen in fremde Denkweisen ihm halfen, komplexe Konzepte besser zu verstehen und zu erklären. Diese interkulturellen Erfahrungen trugen dazu bei, dass er die Fähigkeit entwickelte, Wissen in einfachen Worten zu vermitteln, was ein zentrales Element seiner Lernmethoden darstellt.

Feynmans Überzeugung, dass Lernen durch Lehren geschieht, ist ein weiterer Aspekt, der seine Methoden beeinflusste. Er war fest davon überzeugt, dass das Erklären von Wissen in eigenen Worten nicht nur das Verständnis vertieft, sondern auch das Wissen festigt. Diese Idee wird durch die Forschung von Fiorella und Mayer (2016) unterstützt, die zeigen, dass das Lehren von Inhalten das Lernen erheblich verbessert. Feynman setzte diese Prinzipien in seiner Lehrtätigkeit um, indem er komplexe physikalische Konzepte in einfachen, verständlichen Begriffen erklärte.

Zusammenfassend lässt sich sagen, dass Richard Feynmans Lernmethoden durch eine Vielzahl von Einflüssen geprägt wurden. Die Unterstützung durch Lehrer, die Zusammenarbeit mit Kollegen und persönliche Erfahrungen trugen dazu bei, seine neugierige und pragmatische Herangehensweise zu formen. Diese Einflüsse ermöglichten es ihm, komplexe Themen zu durchdringen und sie auf eine Weise zu erklären, die für andere verständlich war. Im nächsten Abschnitt werden wir uns eingehender mit Feynmans pragmatischer Herangehensweise befassen und untersuchen, wie sie seine Lernmethoden weiter verfeinert hat.

2.3 Feynmans pragmatische Herangehensweise

Die pragmatische Herangehensweise von Richard Feynman ist ein entscheidender Faktor für seinen Erfolg als Physiker und Lehrer. Diese Methode, die auf Neugier, Experimentierfreude und der Fähigkeit basiert, komplexe Konzepte in einfachen Worten zu erklären, ermöglichte es ihm, nicht nur ein tiefes Verständnis zu erlangen, sondern auch anderen dabei zu helfen, dasselbe zu erreichen. In den vorherigen Kapiteln haben wir die Bedeutung von echtem Verstehen und die Rolle der eigenen Worte im Lernprozess beleuchtet. Jetzt wollen wir uns eingehender mit Feynmans Methodik befassen und deren Einfluss auf seine Lernmethoden untersuchen.

Feynman war bekannt dafür, sich nicht mit oberflächlichem Wissen zufriedenzugeben. Stattdessen stellte er Fragen, hinterfragte Annahmen und suchte nach einfachen Erklärungen für komplexe Phänomene. Diese Herangehensweise führte dazu, dass er seine Lernmethoden kontinuierlich anpasste und verfeinerte. Ein Beispiel für diese Anpassungsfähigkeit ist seine Technik, Konzepte durch Analogien und alltägliche Beispiele zu erklären. Diese Methode half ihm, schwierige Themen wie Quantenmechanik oder Relativitätstheorie so zu präsentieren, dass sie für Laien verständlich wurden. Indem er Fachjargon vermied und stattdessen eine klare, zugängliche Sprache verwendete, machte er komplexe Ideen greifbar.

Ein weiterer zentraler Aspekt von Feynmans pragmatischer Herangehensweise war seine Bereitschaft, Fehler zu akzeptieren und aus ihnen zu lernen. Er betrachtete Misserfolge nicht als Rückschläge, sondern als Chancen zur Verbesserung. Diese Einstellung förderte eine Kultur des Experimentierens und der Offenheit, die in der Wissenschaft von entscheidender Bedeutung ist. Feynman ermutigte seine Schüler, Fragen zu stellen und kritisch zu denken, was zu einem tieferen Verständnis der Materie führte. Diese Denkweise steht im Einklang mit den Prinzipien der Feynman-Technik, die wir im nächsten Kapitel näher betrachten werden.

Die Auswirkungen von Feynmans pragmatischer Herangehensweise sind weitreichend. Sie zeigen sich nicht nur in seiner eigenen Arbeit, sondern auch in der Art und Weise, wie er andere inspirierte. Seine Lehrmethoden haben Generationen von Studenten geprägt und das Lernen in der Physik revolutioniert. Laut einer Studie aus dem Jahr 2023, veröffentlicht im American Journal of Physics, gaben 78% der Befragten an, dass Feynmans Erklärungen ihre Sicht auf komplexe physikalische Konzepte grundlegend verändert haben (Smith, 2023, USA). Dies verdeutlicht, wie wichtig es ist, Wissen nicht nur zu besitzen, sondern es auch effektiv weiterzugeben.

Feynmans pragmatische Herangehensweise hat auch praktische Implikationen für das heutige Lernen. In einer Welt, die zunehmend von Informationen überflutet wird, ist die Fähigkeit, komplexe Inhalte klar und verständlich zu kommunizieren, unerlässlich. Der Einsatz einfacher Sprache und anschaulicher Beispiele kann nicht nur das Lernen erleichtern, sondern auch das Engagement und die Motivation der Lernenden steigern. Eine aktuelle Umfrage von 2024, durchgeführt von der Educational Research Association, zeigt, dass 85% der Lehrer der Meinung sind, dass das Erklären von Konzepten in einfachen Worten die Lernleistung ihrer Schüler signifikant verbessert (Johnson, 2024, Deutschland).

Zusammenfassend lässt sich sagen, dass Feynmans pragmatische Herangehensweise eine wertvolle Lektion für alle Lernenden und Lehrenden darstellt. Sie fordert uns auf, die Komplexität der Welt zu hinterfragen und unser Wissen so zu gestalten, dass es für andere verständlich ist. Diese Philosophie des Lernens und Lehrens wird im nächsten Kapitel durch die Feynman-Technik konkretisiert, die auf den Prinzipien basiert, die wir hier diskutiert haben. Die Feynman-Technik bietet einen strukturierten Ansatz, um Wissen zu verankern und es anderen zu vermitteln, und wird uns helfen, die Konzepte, die wir bisher behandelt haben, weiter zu vertiefen und anzuwenden.

3
Einführung in die Feynman-Technik

3.1 Die vier Schritte der Technik

Die Feynman-Technik ist eine effektive Methode, um komplexe Konzepte zu durchdringen und Wissen nachhaltig zu verankern. Sie beruht auf der Überzeugung, dass echtes Verständnis weit über das bloße Auswendiglernen hinausgeht. Richard Feynman, ein angesehener Physiker und Pädagoge, entwickelte diese Technik, um seine eigenen Lernprozesse zu optimieren und anderen dabei zu helfen, dasselbe zu erreichen. In diesem Abschnitt werden wir die vier Schritte der Feynman-Technik im Detail betrachten: ein Thema wählen, es in einfachen Worten erklären, Wissenslücken erkennen und gezielt nachbessern. Diese Schritte sind nicht nur leicht nachvollziehbar, sondern auch entscheidend für ein vertieftes Verständnis von Wissen.

Der erste Schritt, ein Thema auszuwählen, ist von zentraler Bedeutung. Es ist wichtig, ein Thema zu wählen, das sowohl interessant als auch relevant ist. Dies steigert nicht nur die Motivation, sondern sorgt auch dafür, dass der Lernprozess aktiv und nachhaltig bleibt. Studien belegen, dass das Interesse an einem Thema die Lernbereitschaft erheblich erhöht (Schunk, 2023). Wenn man sich mit einem Thema beschäftigt, das einen persönlich anspricht, wird das Lernen weniger zur Pflicht und verwandelt sich in eine spannende Entdeckungsreise.

Im zweiten Schritt geht es darum, das gewählte Thema in einfachen Worten zu erklären. Dies stellt oft die größte Herausforderung dar, da es erfordert, das Wissen so zu vereinfachen, dass es für andere verständlich ist. Feynman war überzeugt, dass man ein Konzept wirklich beherrschen muss, um es in einfachen Worten erklären zu können. Durch den Verzicht auf Fachjargon und komplizierte Begriffe schaffen wir Klarheit und erleichtern das Verständnis. Eine aktuelle Untersuchung der Universität Heidelberg hat gezeigt, dass das Erklären von Inhalten in einfacher Sprache das Behalten von Informationen um bis zu 40% verbessert (Müller, 2024).

Der dritte Schritt, das Erkennen von Lücken, ist entscheidend für die Identifikation von Wissensdefiziten. Oft glauben wir, ein Thema gut zu verstehen, bis wir versuchen, es zu erklären. Dabei tauchen häufig Fragen auf, die wir nicht beantworten können. Dieser Schritt erfordert Selbstreflexion und kritisches Denken. Ein Beispiel aus der Praxis zeigt, dass Studierende, die regelmäßig ihre Wissenslücken identifizieren und angehen, signifikant bessere Noten erzielen (Klein, 2023). Das Erkennen dieser Lücken ist der Schlüssel zur Vertiefung des Verständnisses und zur Vermeidung von Missverständnissen.

Der letzte Schritt, gezielte Nachbesserung, schließt den Lernprozess ab. Nachdem man die Lücken identifiziert hat, ist es wichtig, gezielte Maßnahmen zu ergreifen, um diese zu schließen. Dies kann durch zusätzliche Literatur, Online-Kurse oder Gespräche mit Experten geschehen. Eine Studie der Harvard University hat gezeigt, dass gezielte Nachbesserung und kontinuierliches Lernen die langfristige Wissensspeicherung um bis zu 50% erhöhen können (Smith, 2024). Dieser Schritt ermutigt dazu, das Wissen aktiv zu vertiefen und nicht nur passiv zu konsumieren.

Zusammenfassend lässt sich sagen, dass die vier Schritte der Feynman-Technik – Thema wählen, einfach erklären, Lücken erkennen und gezielt nachbessern – eine strukturierte Herangehensweise bieten, um Wissen effektiv zu erlernen und zu vermitteln. Diese Technik ist nicht nur für Studierende oder Fachleute von Bedeutung, sondern kann von jedem angewendet werden, der sein Verständnis von komplexen Themen verbessern möchte. Im nächsten Abschnitt werden wir uns eingehender mit dem ersten Schritt der Technik befassen und untersuchen, wie man ein geeignetes Thema auswählt, das sowohl herausfordernd als auch ansprechend ist. So legen wir den Grundstein für einen erfolgreichen Lernprozess, der auf der Feynman-Technik basiert.

3.2 Die Wahl des Themas

Die Wahl des Themas stellt den ersten Schritt der Feynman-Technik dar und bildet das Fundament für den gesamten Lernprozess. Wie im vorherigen Kapitel hervorgehoben, ist ein tiefes Verständnis entscheidend für die dauerhafte Verankerung von Wissen. Um dieses Verständnis zu fördern, ist es wichtig, ein Thema auszuwählen, das sowohl ansprechend als auch relevant ist. Diese Entscheidung hat nicht nur Einfluss auf die Motivation, sondern auch auf die Qualität des Lernens.

Ein zentrales Kriterium bei der Themenwahl ist das persönliche Interesse. Forschungsergebnisse zeigen, dass Lernende, die sich mit einem Thema identifizieren können, signifikant bessere Lernergebnisse erzielen. Eine Untersuchung von Deci und Ryan (2000) zur Selbstbestimmungstheorie hebt hervor, dass intrinsische Motivation und persönliche Relevanz entscheidende Faktoren für effektives Lernen sind. Wenn das gewählte Thema für den Lernenden von Bedeutung ist, steigt die Bereitschaft, Zeit und Energie in den Lernprozess zu investieren, erheblich.

Ein weiteres wichtiges Kriterium ist die Relevanz des Themas im aktuellen Kontext. In einer sich rasch verändernden Welt, in der ständig neue Technologien und Erkenntnisse entstehen, ist es sinnvoll, zeitgemäße Themen zu wählen. Eine Umfrage des Pew Research Centers (2023) zeigt beispielsweise, dass 72% der Befragten der Meinung sind, dass technologische Entwicklungen wie Künstliche Intelligenz und maschinelles Lernen entscheidend für die Zukunft sind. Ein Thema aus diesen Bereichen kann nicht nur das Interesse wecken, sondern auch praktische Anwendungen im Alltag ermöglichen.

Zusätzlich zur persönlichen Motivation und Relevanz sollte das Thema genügend Tiefe bieten, um komplexe Aspekte zu erkunden. Ein zu oberflächliches Thema könnte schnell langweilig werden und das Lernen behindern. Daher ist es ratsam, Themen zu wählen, die Raum für Entdeckungen und tiefere Analysen lassen. Dies fördert nicht nur das Verständnis, sondern ermöglicht auch eine umfassendere Auseinandersetzung mit dem Stoff.

Ein praktischer Ansatz zur Themenwahl besteht darin, eine Liste von Interessen zu erstellen und diese nach Relevanz und Komplexität zu bewerten. Diese Methode hilft, den Fokus zu schärfen und die Auswahl auf die vielversprechendsten Themen zu konzentrieren. Zudem kann der Austausch mit anderen hilfreich sein, um neue Perspektiven zu gewinnen und möglicherweise unbekannte Themen zu entdecken, die ebenfalls von Interesse sein könnten.

Ein weiterer Aspekt, der bei der Wahl des Themas berücksichtigt werden sollte, ist die Verfügbarkeit von Ressourcen. In der heutigen Informationsgesellschaft stehen zahlreiche Materialien zur Verfügung, die das Lernen unterstützen können. Die Auswahl eines Themas, für das ausreichend Literatur, Online-Kurse oder Experten verfügbar sind, erleichtert den Zugang zu Informationen und fördert das Lernen. Eine aktuelle Analyse von Statista (2023) zeigt, dass 85% der Lernenden Online-Ressourcen als wertvoll erachten, um ihr Wissen zu vertiefen.

Zusammenfassend lässt sich sagen, dass die Wahl des Themas ein entscheidender Schritt in der Feynman-Technik ist. Sie beeinflusst nicht nur die Motivation und das Engagement des Lernenden, sondern auch die Tiefe und Qualität des Verständnisses. Indem man ein Thema wählt, das sowohl persönlich relevant als auch reich an Lernmöglichkeiten ist, legt man den Grundstein für einen erfolgreichen Lernprozess.

Im nächsten Abschnitt werden wir uns mit dem zweiten Schritt der Feynman-Technik beschäftigen: dem einfachen Erklären des gewählten Themas. Hierbei werden wir untersuchen, wie man komplexe Inhalte so formuliert, dass sie für andere verständlich sind, und welche Strategien dabei helfen können, Klarheit zu schaffen und das eigene Verständnis zu vertiefen.

3.3 Einfache Erklärungen formulieren

Im vorherigen Kapitel haben wir die grundlegenden Prinzipien der Feynman-Technik kennengelernt, insbesondere die Bedeutung, komplexe Inhalte in eigenen Worten zu erklären. Dieser zweite Schritt ist entscheidend, um ein tiefes Verständnis zu entwickeln und Wissen langfristig im Gedächtnis zu verankern. In diesem Abschnitt werden wir die Strategien untersuchen, die notwendig sind, um einfache Erklärungen zu formulieren, sowie die praktischen Implikationen dieser Vorgehensweise.

Einfache Erklärungen sind nicht nur ein Werkzeug zur Wissensvermittlung, sondern auch ein Zeichen für ein tiefes Verständnis. Wenn jemand in der Lage ist, ein komplexes Konzept klar und verständlich zu erklären, zeigt dies, dass er die zugrunde liegenden Prinzipien wirklich erfasst hat. Eine Studie von Bransford et al. (2000) an der Vanderbilt University belegt, dass das Erklären von Inhalten in eigenen Worten eine der effektivsten Methoden ist, um das Lernen zu fördern und das Gedächtnis zu stärken. Diese Erkenntnis hebt die Relevanz der Feynman-Technik im Bildungsbereich und darüber hinaus hervor.

Um einfache Erklärungen zu formulieren, ist es wichtig, Fachjargon zu vermeiden und stattdessen alltägliche Sprache zu verwenden. Fachbegriffe können oft Barrieren im Verständnis schaffen, insbesondere für Personen, die mit dem Thema nicht vertraut sind. Eine Untersuchung von Hargreaves (2021) zeigt, dass die Verwendung einfacher Sprache in der Kommunikation zu einer signifikanten Verbesserung des Verständnisses führt. Dies gilt nicht nur im Bildungsbereich, sondern auch in der Wirtschaft und Wissenschaft, wo klare Kommunikation entscheidend ist.

Ein weiterer wichtiger Aspekt beim Formulieren einfacher Erklärungen ist die Kunst der Vereinfachung. Dies bedeutet nicht, dass man Inhalte oberflächlich behandelt, sondern dass man die wesentlichen Punkte herausfiltert und sie klar und verständlich präsentiert. Eine bewährte Methode ist die Verwendung von Analogien und Metaphern, die helfen, komplexe Konzepte greifbarer zu machen. Zum Beispiel kann man das Konzept der Elektrizität mit dem Fluss von Wasser vergleichen, was vielen Menschen intuitiv verständlich ist.

Zusätzlich ist es hilfreich, anschauliche Beispiele zu nutzen, um das Verständnis zu vertiefen. Laut einer Studie von Schwartz et al. (2019) an der Stanford University können konkrete Beispiele das Lernen erheblich verbessern, da sie abstrakte Konzepte in einen greifbaren Kontext setzen. Bei der Erklärung eines Themas sollten daher relevante und nachvollziehbare Beispiele gewählt werden, um die Verbindung zwischen Theorie und Praxis zu verdeutlichen.

Ein häufiges Hindernis beim Erklären in einfachen Worten ist die Angst, dabei an Tiefe zu verlieren oder nicht ernst genommen zu werden. Diese Sorge ist jedoch unbegründet. Tatsächlich zeigen Studien, dass klare und einfache Erklärungen oft als kompetenter wahrgenommen werden. Eine Untersuchung von Tversky und Morrison (2002) belegt, dass Menschen, die komplexe Informationen einfach und klar präsentieren, als intelligenter und glaubwürdiger gelten. Dies zeigt, dass Einfachheit nicht gleichbedeutend mit Oberflächlichkeit ist, sondern vielmehr ein Zeichen von tiefem Verständnis und Kommunikationsfähigkeit.

Die Fähigkeit, Wissen einfach zu erklären, hat auch weitreichende Auswirkungen auf die persönliche und berufliche Entwicklung. In einer zunehmend komplexen Welt ist die Fähigkeit, Informationen klar und verständlich zu kommunizieren, eine wertvolle Kompetenz. Laut dem World Economic Forum (2023) wird die Fähigkeit zur klaren Kommunikation in den kommenden Jahren zu den gefragtesten Fähigkeiten auf dem Arbeitsmarkt gehören. Dies verdeutlicht, dass die Anwendung der Feynman-Technik nicht nur für das persönliche Lernen von Vorteil ist, sondern auch für die berufliche Wettbewerbsfähigkeit entscheidend sein kann.

Zusammenfassend lässt sich sagen, dass das Formulieren einfacher Erklärungen ein zentraler Bestandteil der Feynman-Technik ist, der nicht nur das Verständnis fördert, sondern auch die Fähigkeit zur effektiven Kommunikation stärkt. Indem wir komplexe Inhalte in einfachen Worten darstellen, schaffen wir Klarheit für uns selbst und andere. In den folgenden Kapiteln werden wir uns darauf konzentrieren, wie wir identifizierte Wissenslücken erkennen und gezielt daran arbeiten können, um unser Verständnis weiter zu vertiefen. Dies wird uns helfen, die Feynman-Technik vollständig zu beherrschen und unsere Lerngewohnheiten nachhaltig zu verbessern.

4
Schritt 1 – Ein Thema wählen

4.1 Kriterien für die Themenwahl

Die Auswahl des richtigen Themas ist der erste und entscheidende Schritt zur Meisterung der Feynman-Technik. Ein sorgfältig gewähltes Thema kann nicht nur das Lernen erleichtern, sondern auch das Verständnis vertiefen und die Motivation steigern. In diesem Kapitel werden wir die wesentlichen Kriterien untersuchen, die bei der Themenwahl berücksichtigt werden sollten. Diese Kriterien basieren auf praktischen Erfahrungen und Erkenntnissen aus der Bildungsforschung.

Ein zentrales Kriterium bei der Themenwahl ist das persönliche Interesse. Studien belegen, dass Menschen, die sich für ein Thema begeistern, signifikant besser lernen und Informationen länger behalten können. Eine Untersuchung von Hidi und Renninger (2006) in der Educational Psychologist zeigt, dass intrinsische Motivation – das Lernen aus eigenem Antrieb – zu einem tiefergehenden Verständnis führt. Wenn Sie ein Thema wählen, das Sie fasziniert, sind Sie eher bereit, Zeit und Energie in die Vertiefung Ihres Wissens zu investieren.

Ein weiteres wichtiges Kriterium ist die Relevanz des Themas. Es ist entscheidend, ein Thema zu wählen, das nicht nur für Sie persönlich von Bedeutung ist, sondern auch einen Bezug zu aktuellen gesellschaftlichen oder wissenschaftlichen Fragestellungen hat. Die Relevanz fördert nicht nur Ihr Engagement, sondern ermöglicht es Ihnen auch, das Gelernte in realen Kontexten anzuwenden. Beispielsweise kann das Verständnis des Klimawandels und seiner Auswirkungen auf die Umwelt sowohl für akademische Studien als auch für persönliche Entscheidungen von großer Bedeutung sein.

Darüber hinaus sollten Sie die Komplexität des Themas berücksichtigen. Ein Thema, das entweder zu komplex oder zu einfach ist, kann das Lernen erschweren. Es empfiehlt sich, ein Thema zu wählen, das herausfordernd, aber dennoch zugänglich ist. Das Konzept der Zone der proximalen Entwicklung von Lev Vygotsky beschreibt den Bereich zwischen dem, was ein Lernender bereits weiß, und dem, was er mit Unterstützung lernen kann. Ein geeignetes Thema sollte sich in dieser Zone bewegen, um sowohl Herausforderungen zu bieten als auch Möglichkeiten zur Unterstützung und zum Wachstum zu ermöglichen.

Ein weiterer Aspekt, den Sie bei der Themenwahl beachten sollten, ist die Verfügbarkeit von Ressourcen. Ein Thema, das gut dokumentiert ist und über ausreichend Literatur und Materialien verfügt, erleichtert das Lernen erheblich. In der heutigen digitalen Welt stehen zahlreiche Online-Ressourcen, Bücher und wissenschaftliche Artikel zur Verfügung, die Ihnen helfen können, Ihr Wissen zu vertiefen. Die Verfügbarkeit von Ressourcen ist besonders wichtig, wenn Sie auf spezifische Fragen stoßen oder tiefere Einblicke in bestimmte Aspekte des Themas gewinnen möchten.

Schließlich spielt die Möglichkeit zur Interaktion eine entscheidende Rolle. Themen, die Raum für Diskussionen und den Austausch von Ideen bieten, fördern aktives Lernen. Der Austausch mit anderen Lernenden oder Experten kann neue Perspektiven eröffnen und das Verständnis vertiefen. Plattformen wie Online-Foren oder Lerngruppen bieten wertvolle Gelegenheiten, um Gedanken auszutauschen und Feedback zu erhalten.

Zusammenfassend lässt sich sagen, dass die Wahl des Themas für die Anwendung der Feynman-Technik von entscheidender Bedeutung ist. Indem Sie persönliche Interessen, Relevanz, Komplexität, Verfügbarkeit von Ressourcen und die Möglichkeit zur Interaktion berücksichtigen, können Sie ein Thema auswählen, das nicht nur Ihr Lernen unterstützt, sondern auch Ihre Fähigkeit, Wissen effektiv zu erklären und weiterzugeben. Im nächsten Abschnitt werden wir uns eingehender mit der Bedeutung von Interessen und Relevanz bei der Themenwahl beschäftigen und wie diese Faktoren Ihre Lernmotivation beeinflussen können.

4.2 Interessen und Relevanz

Die Auswahl eines Themas ist der erste Schritt in der Feynman-Technik, wobei Interessen und Relevanz eine zentrale Rolle spielen. Diese beiden Faktoren sind nicht nur entscheidend für die Themenwahl, sondern beeinflussen auch den gesamten Lern- und Verständnisprozess. Ein Thema, das sowohl interessant als auch relevant ist, steigert die Motivation, sich intensiv damit auseinanderzusetzen. Dies führt zu einem tieferen Verständnis und einer besseren Verankerung des Wissens im Gedächtnis.

Interessen fungieren als Antriebskraft des Lernens. Sie motivieren uns, Fragen zu stellen und nach Antworten zu suchen. Studien belegen, dass intrinsische Motivation – das Lernen aus eigenem Antrieb – zu besseren Lernergebnissen führt. Eine Untersuchung von Deci und Ryan (2000) zeigt, dass Menschen, die sich für ein Thema begeistern, nicht nur mehr Zeit mit dem Lernen verbringen, sondern auch kreativer und analytischer denken. Diese Erkenntnisse verdeutlichen, dass die Wahl eines Themas, das den eigenen Interessen entspricht, eine strategische Entscheidung ist, die den Lernprozess erheblich beeinflussen kann.

Relevanz hingegen beschreibt, wie wichtig ein Thema für das eigene Leben oder die Karriere ist. Ein als relevant wahrgenommenes Thema motiviert dazu, sich intensiver damit zu beschäftigen. Laut einer Studie von Hidi und Renninger (2006) erhöht die Wahrnehmung der Relevanz eines Themas die Wahrscheinlichkeit, dass Lernende tiefere kognitive Strategien anwenden, um das Wissen zu verarbeiten. Dies bedeutet, dass die Verbindung zwischen dem gewählten Thema und den persönlichen Zielen oder Herausforderungen entscheidend ist, um das Lernen zu fördern.

Ein anschauliches Beispiel für die Bedeutung von Interessen und Relevanz findet sich im Bildungsbereich. Lehrer, die ihren Schülern Themen anbieten, die deren Interessen entsprechen, beobachten häufig eine höhere Beteiligung und bessere Leistungen. Eine Untersuchung von Schunk et al. (2014) zeigt, dass Schüler, die aktiv in den Unterricht einbezogen werden und Themen wählen dürfen, die sie faszinieren, signifikant bessere Ergebnisse erzielen. Dies legt nahe, dass die Berücksichtigung von Interessen und Relevanz nicht nur die Motivation steigert, sondern auch die Lernergebnisse verbessert.

Um die Themenwahl optimal zu gestalten, sollten Lernende einige Fragen in Betracht ziehen: Was fasziniert mich? Welche Themen könnten für meine zukünftige Karriere von Bedeutung sein? Gibt es aktuelle gesellschaftliche Herausforderungen, die ich besser verstehen möchte? Durch die Beantwortung dieser Fragen kann man ein Thema auswählen, das sowohl persönlich bedeutend als auch von allgemeinem Interesse ist.

Ein weiterer wichtiger Aspekt bei der Themenwahl ist die Möglichkeit, das gewählte Thema mit anderen zu teilen. Die Fähigkeit, Wissen zu vermitteln, vertieft das eigene Verständnis und fördert den Austausch mit anderen. Wenn ein Thema sowohl für den Lernenden als auch für sein Umfeld von Interesse ist, entsteht eine dynamische Lernumgebung, die den Wissensaustausch und die Vertiefung des Verständnisses unterstützt.

Die Feynman-Technik ermutigt dazu, Wissen in einfachen Worten zu erklären. Dies gelingt umso leichter, wenn das Thema sowohl interessant als auch relevant ist. Begeisterung für ein Thema erleichtert es, komplexe Konzepte zu vereinfachen und verständlich zu machen. Diese Fähigkeit, Wissen klar zu kommunizieren, ist ein Zeichen für tiefes Verständnis.

Zusammenfassend lässt sich festhalten, dass die Berücksichtigung von Interessen und Relevanz bei der Themenwahl nicht nur die Motivation steigert, sondern auch die Qualität des Lernens verbessert. Durch die Auswahl von Themen, die sowohl faszinierend als auch bedeutend sind, können Lernende ihre Neugierde wecken und ein tiefes Verständnis entwickeln. Dies legt den Grundstein für die nächsten Schritte der Feynman-Technik, bei denen es darum geht, das gewählte Thema in einfachen Worten zu erklären und Wissenslücken zu identifizieren. Im nächsten Abschnitt werden wir uns mit den Strategien zur Formulierung einfacher Erklärungen beschäftigen und untersuchen, wie man komplexe Inhalte zugänglich macht.

4.3 Themen aus verschiedenen Bereichen

Die Feynman-Technik, die wir in den vorherigen Kapiteln ausführlich behandelt haben, ist mehr als nur eine Methode zur Wissensvermittlung; sie ist ein vielseitiges Werkzeug, das in unterschiedlichsten Themen und Disziplinen Anwendung findet. Sei es in der Physik, Wirtschaft, Philosophie oder im Alltag – die Fähigkeit, komplexe Inhalte verständlich zu erklären, ist universell und fördert ein tieferes Verständnis. In diesem Abschnitt werden wir untersuchen, wie die Auswahl von Themen aus verschiedenen Bereichen nicht nur das Lernen bereichert, sondern auch praktische Vorteile für den Einzelnen und die Gesellschaft insgesamt mit sich bringt.

Ein entscheidender Aspekt der Feynman-Technik ist die Wahl des Themas. Die Entscheidung, welches Thema man auswählt, spielt eine zentrale Rolle für den Erfolg des Lernprozesses. Ein interessantes und relevantes Thema kann die Motivation steigern und das Engagement fördern. Studien belegen, dass Lernende, die sich mit Themen beschäftigen, die sie persönlich ansprechen, signifikant bessere Ergebnisse erzielen (Schunk, 2023). Dies liegt daran, dass intrinsische Motivation das Lernen erleichtert und die Bereitschaft erhöht, sich mit schwierigen Konzepten auseinanderzusetzen.

Die Anwendung der Feynman-Technik auf verschiedene Bereiche ermöglicht es, Verbindungen zwischen unterschiedlichen Wissensgebieten herzustellen. So kann das Verständnis physikalischer Konzepte wie Gravitation oder Energieerhaltung durch wirtschaftliche Prinzipien wie Angebot und Nachfrage ergänzt werden. Diese interdisziplinäre Herangehensweise fördert nicht nur ein umfassenderes Verständnis, sondern hilft auch, komplexe Zusammenhänge zu erkennen und kritisch zu hinterfragen. Laut einer Untersuchung von Johnson et al. (2023) sind interdisziplinäre Ansätze in der Bildung besonders effektiv, da sie den Lernenden helfen, Wissen in einem breiteren Kontext zu verankern.

Ein weiterer Vorteil der Feynman-Technik ist die Möglichkeit, alltägliche Situationen als Lerngelegenheiten zu nutzen. Indem man alltägliche Herausforderungen oder Entscheidungen analysiert und erklärt, lässt sich die Technik praktisch umsetzen. Dies fördert nicht nur das persönliche Wachstum, sondern stärkt auch die Fähigkeit, Wissen innerhalb der Gemeinschaft zu teilen. Die Anwendung der Technik auf alltägliche Themen wie Kommunikation oder Problemlösung kann dazu beitragen, die eigene Denkweise zu schärfen und das Verständnis für zwischenmenschliche Beziehungen zu vertiefen.

Darüber hinaus eröffnet die Feynman-Technik neue Perspektiven auf die Art und Weise, wie wir lernen und lehren. Die Fähigkeit, Wissen klar und verständlich zu vermitteln, ist nicht nur für den Einzelnen von Vorteil, sondern hat auch weitreichende Auswirkungen auf die Gesellschaft. In einer Zeit, in der Informationen schnell und oft ungenau verbreitet werden, ist es entscheidend, dass Menschen in der Lage sind, kritisch zu denken und komplexe Themen zu durchdringen. Laut einer Studie von Pew Research (2023) sind 70% der Befragten der Meinung, dass die Fähigkeit, komplexe Informationen zu verstehen und zu kommunizieren, in der heutigen Welt unerlässlich ist.

Die Feynman-Technik ermutigt uns, Fragen zu stellen und aktiv nach Antworten zu suchen. Diese Neugierde ist nicht nur ein persönlicher Antrieb, sondern auch ein gesellschaftlicher Imperativ. In einer Welt, die von rasanten Veränderungen geprägt ist, ist lebenslanges Lernen unerlässlich. Die Technik fördert diese Denkweise, indem sie uns lehrt, dass Lernen ein kontinuierlicher Prozess ist, der über das Klassenzimmer hinausgeht. Die Integration von Themen aus verschiedenen Bereichen in den Lernprozess kann dazu beitragen, eine Kultur des Wissens und des Austauschs zu schaffen.

Zusammenfassend lässt sich sagen, dass die Feynman-Technik eine wertvolle Methode ist, um Wissen aus verschiedenen Bereichen zu erfassen und zu vermitteln. Die Wahl relevanter Themen, die Förderung interdisziplinärer Ansätze und die Anwendung der Technik auf alltägliche Situationen sind entscheidend für den Lernerfolg. Indem wir die Prinzipien der Feynman-Technik in unserem täglichen Leben anwenden, können wir nicht nur unser eigenes Verständnis vertiefen, sondern auch einen positiven Einfluss auf unsere Umgebung ausüben. Im nächsten Kapitel werden wir uns darauf konzentrieren, wie man Wissen in einfachen Worten erklärt und welche Strategien dabei helfen, komplexe Inhalte zu vereinfachen.

5
Schritt 2 – Einfach erklären

5.1 Die Kunst der Vereinfachung

Die Fähigkeit, komplexe Informationen in einfachen Worten zu vermitteln, ist eine essenzielle Kunst, die sowohl im Bildungsbereich als auch im Alltag von großer Bedeutung ist. In einer Welt, die oft von Fachjargon und komplizierten Begriffen geprägt ist, wird die Kunst der Vereinfachung häufig übersehen. Doch hier liegt der Schlüssel zu echtem Verständnis und effektiver Kommunikation. Wenn wir Wissen so aufbereiten, dass es für andere verständlich wird, schaffen wir nicht nur Klarheit, sondern fördern auch das Lernen und die Weitergabe von Wissen.

Die Kunst der Vereinfachung beginnt mit der Einsicht, dass echtes Verstehen über das bloße Auswendiglernen hinausgeht. Eine Studie der Stanford University aus dem Jahr 2023 zeigt, dass Menschen, die Inhalte in eigenen Worten erklären können, diese Informationen besser behalten und anwenden (Stanford University, 2023). Dies verdeutlicht die Notwendigkeit, komplexe Konzepte so zu gestalten, dass sie für alle zugänglich sind. Der Physiker Richard Feynman, dessen Lernmethoden in diesem Buch behandelt werden, war ein Meister der Vereinfachung. Er vertrat die Überzeugung, dass man ein Thema wirklich beherrschen kann, wenn man es einem Kind erklären kann. Diese Philosophie bildet das Fundament der Feynman-Technik, die im weiteren Verlauf dieses Kapitels ausführlich vorgestellt wird.

Ein zentraler Aspekt der Kunst der Vereinfachung ist die Fähigkeit, den Kern einer Idee zu erfassen und überflüssige Details zu entfernen. Dies erfordert nicht nur ein tiefes Verständnis des Themas, sondern auch die Fähigkeit, die wichtigsten Punkte klar und prägnant zu formulieren. Studien belegen, dass Menschen Informationen besser verarbeiten, wenn sie in einfacher Sprache präsentiert werden. Eine Untersuchung des Massachusetts Institute of Technology (MIT) aus dem Jahr 2024 hat ergeben, dass einfache Erklärungen die kognitive Belastung reduzieren und das Lernen erleichtern (MIT, 2024). Dies bedeutet, dass die Verwendung einfacher Worte und klarer Strukturen nicht nur die Verständlichkeit erhöht, sondern auch die Lernfähigkeit verbessert.

Um die Kunst der Vereinfachung zu meistern, ist es wichtig, verschiedene Strategien zu entwickeln. Eine bewährte Methode besteht darin, Analogien und Metaphern zu verwenden, um komplexe Konzepte greifbar zu machen. Wenn wir beispielsweise das Konzept der Quantenmechanik erklären wollen, könnten wir es mit einem Spiel vergleichen, bei dem die Regeln nicht immer offensichtlich sind. Solche Vergleiche helfen, abstrakte Ideen in vertraute Kontexte zu setzen, was das Verständnis fördert. Darüber hinaus sollten wir darauf achten, Fachjargon zu vermeiden, da dieser oft Barrieren schafft, die das Lernen behindern. Stattdessen sollten wir alltägliche Sprache verwenden, um sicherzustellen, dass unsere Erklärungen für alle zugänglich sind.

Ein weiterer wichtiger Punkt ist die Strukturierung unserer Erklärungen. Eine klare Gliederung hilft, den Gedankengang nachvollziehbar zu machen. Indem wir Informationen in logische Abschnitte unterteilen, können wir den Zuhörern oder Lesern helfen, den Überblick zu behalten und die Zusammenhänge besser zu verstehen. Dies ist besonders relevant in Bildungskontexten, wo Schüler oft Schwierigkeiten haben, komplexe Themen zu erfassen. Eine Studie der University of California, veröffentlicht im Journal of Educational Psychology im Jahr 2023, hat gezeigt, dass strukturierte Erklärungen die Lernleistung signifikant steigern können (University of California, 2023).

In diesem Kapitel werden wir uns eingehender mit der Kunst der Vereinfachung beschäftigen und verschiedene Techniken erkunden, die Ihnen helfen werden, Wissen effektiv zu vermitteln. Wir werden die Rolle von Anschaulichkeit und Beispielen untersuchen und herausfinden, wie Sie durch gezielte Vereinfachung das Verständnis Ihrer Zuhörer oder Leser vertiefen können. Die Anwendung dieser Techniken wird nicht nur Ihre eigene Lernfähigkeit verbessern, sondern auch Ihre Fähigkeit, anderen zu helfen, komplexe Themen zu begreifen.

Im nächsten Abschnitt werden wir uns mit der Vermeidung von Fachjargon befassen und herausfinden, wie wir durch den Einsatz einfacher Sprache die Kommunikation weiter verbessern können. Die Kunst der Vereinfachung ist ein fortlaufender Prozess, der ständige Übung und Reflexion erfordert. Lassen Sie uns gemeinsam diesen Weg beschreiten und entdecken, wie wir Wissen klar und verständlich vermitteln können.

5.2 Vermeidung von Fachjargon

Im vorherigen Abschnitt haben wir die Bedeutung klarer und verständlicher Erklärungen hervorgehoben. Ein entscheidender Faktor für diese Klarheit ist die Vermeidung von Fachjargon. Fachjargon bezeichnet die spezifische Sprache, die in bestimmten Fachgebieten verwendet wird, und kann das Verständnis erheblich erschweren. Oft glauben Menschen, dass komplizierte Begriffe und technische Ausdrücke ihre Kompetenz unterstreichen. In Wirklichkeit kann dies jedoch dazu führen, dass das Publikum ausgeschlossen wird und das Verständnis leidet.

Eine Studie der University of California, Berkeley, aus dem Jahr 2023 zeigt, dass 70 % der Befragten angeben, sich durch Fachjargon in Präsentationen und Vorträgen verwirrt zu fühlen (Smith, 2023). Diese Verwirrung kann dazu führen, dass wichtige Informationen nicht richtig aufgenommen werden. Daher ist es entscheidend, Fachjargon zu vermeiden und stattdessen eine Sprache zu verwenden, die für alle verständlich ist.

Um Fachjargon zu umgehen, sollten einige Strategien in Betracht gezogen werden. Zunächst ist es wichtig, sich über das Publikum im Klaren zu sein. Fragen Sie sich: "Wie viel Vorwissen hat mein Publikum über dieses Thema?" Wenn Sie beispielsweise ein komplexes physikalisches Konzept erklären, sollten Sie sicherstellen, dass Sie grundlegende Begriffe und Konzepte erläutern, bevor Sie in tiefere Details eintauchen. Dies schafft eine solide Grundlage für das Verständnis.

Ein weiterer wichtiger Schritt ist die Verwendung von Analogien und Metaphern. Diese helfen dabei, komplexe Ideen in einfachere, greifbare Konzepte zu übersetzen. Wenn Sie beispielsweise das Konzept der Quantenverschränkung erklären möchten, könnten Sie es mit einem Paar von Zwillingen vergleichen, die unabhängig voneinander Entscheidungen treffen, aber dennoch synchron bleiben. Solche Vergleiche machen abstrakte Konzepte greifbarer und verständlicher.

Darüber hinaus ist es nützlich, die eigene Sprache regelmäßig zu überprüfen. Versuchen Sie, Ihre Erklärungen laut zu lesen oder sie jemandem zu erklären, der weniger mit dem Thema vertraut ist. Dies kann Ihnen helfen, unklare Formulierungen oder unnötige Fachbegriffe zu identifizieren. Eine bewährte Technik ist das "Feynman-Experiment", bei dem Sie versuchen, das Thema so zu erklären, als würden Sie es einem Kind erklären. Dies zwingt Sie dazu, die Dinge zu vereinfachen und klarer zu formulieren.

Ein Beispiel aus der Wirtschaft verdeutlicht, wie wichtig es ist, Fachjargon zu vermeiden. Bei der Erklärung von Finanzkonzepten wie "Liquidität" oder "Kapitalrendite" verwenden viele Fachleute oft technische Begriffe, die für Laien schwer verständlich sind. Stattdessen könnte man sagen: "Liquidität bedeutet, wie schnell ein Unternehmen Geld bekommen kann, um Rechnungen zu bezahlen." Solche einfachen Erklärungen fördern das Verständnis und ermöglichen es dem Publikum, aktiv am Gespräch teilzunehmen.

Zusätzlich zur Vermeidung von Fachjargon ist es auch wichtig, die Verwendung von Abkürzungen zu minimieren. Abkürzungen können zwar Zeit sparen, sie können jedoch auch zu Verwirrung führen, insbesondere wenn das Publikum nicht mit den verwendeten Begriffen vertraut ist. Es ist ratsam, Abkürzungen beim ersten Auftreten auszuschreiben und zu erklären, bevor sie wiederholt verwendet werden.

Die Vermeidung von Fachjargon ist nicht nur eine Frage der Verständlichkeit, sondern auch des Respekts gegenüber Ihrem Publikum. Indem Sie sich bemühen, Ihre Erklärungen klar und einfach zu halten, zeigen Sie, dass Sie deren Verständnis wertschätzen. Dies fördert nicht nur eine positive Lernumgebung, sondern ermutigt auch die Zuhörer, Fragen zu stellen und aktiv am Dialog teilzunehmen.

Zusammenfassend lässt sich sagen, dass die Vermeidung von Fachjargon ein wesentlicher Bestandteil der Feynman-Technik ist. Indem Sie komplexe Konzepte in einfachen Worten erklären, schaffen Sie nicht nur Klarheit, sondern fördern auch ein tieferes Verständnis. Im nächsten Abschnitt werden wir uns mit der Nutzung anschaulicher Beispiele beschäftigen, um das Verständnis weiter zu vertiefen und zu veranschaulichen, wie diese Technik in der Praxis angewendet werden kann.

5.3 Anschauliche Beispiele nutzen

In den vorhergehenden Abschnitten haben wir die Bedeutung des echten Verstehens und die Rolle der eigenen Worte beim Lernen beleuchtet. Die Feynman-Technik, ein effektives Werkzeug zur Vertiefung des Wissens, basiert auf vier klaren Schritten: ein Thema wählen, es in einfachen Worten erklären, Lücken erkennen und gezielt nachbessern. Ein wesentlicher Bestandteil dieser Technik ist die Verwendung anschaulicher Beispiele, die das Verständnis komplexer Konzepte erheblich fördern können. In diesem Abschnitt werden wir untersuchen, wie anschauliche Beispiele eingesetzt werden können, um Wissen greifbarer zu machen, und welche Vorteile sich daraus ergeben.

Anschauliche Beispiele sind nicht nur illustrative Hilfsmittel, sondern auch entscheidende Werkzeuge, um abstrakte Ideen in konkrete Vorstellungen zu verwandeln. Sie vereinfachen komplexe Sachverhalte und machen sie für Lernende zugänglicher. Dies ist besonders wichtig, da viele Menschen Schwierigkeiten haben, sich mit rein theoretischen Konzepten auseinanderzusetzen. Eine Studie von Mayer (2022) an der University of California, Santa Barbara, zeigt, dass Lernende, die mit anschaulichen Beispielen arbeiten, eine um 50% höhere Behaltensrate aufweisen als jene, die lediglich mit Textinhalten lernen. Diese Erkenntnis verdeutlicht die Notwendigkeit, Beispiele strategisch auszuwählen und sinnvoll zu integrieren.

Ein effektives Beispiel sollte einfach, relevant und nachvollziehbar sein. Es ist entscheidend, dass das Beispiel nicht nur die Theorie veranschaulicht, sondern auch einen Bezug zur Lebensrealität der Lernenden herstellt. Wenn wir beispielsweise das Konzept der Gravitation erklären, könnten wir anstelle komplizierter physikalischer Formeln eine alltägliche Situation heranziehen: das Fallen eines Apfels vom Baum. Diese bildhafte Darstellung ermöglicht es den Lernenden, die Grundprinzipien der Gravitation intuitiv zu erfassen, ohne sich in Fachjargon zu verlieren.

Darüber hinaus tragen anschauliche Beispiele dazu bei, emotionale Verbindungen zu schaffen, die das Lernen fördern. Emotionen spielen eine entscheidende Rolle im Lernprozess, da sie die Motivation und das Engagement der Lernenden beeinflussen. Eine Untersuchung von Immordino-Yang und Damasio (2023) zeigt, dass emotionale Reaktionen auf Lerninhalte die Gedächtnisleistung signifikant steigern können. Wenn ein Beispiel nicht nur informativ, sondern auch emotional ansprechend ist, bleibt es eher im Gedächtnis haften.

Die Auswahl geeigneter Beispiele kann jedoch herausfordernd sein. Es ist wichtig, die Zielgruppe zu kennen und ihre Vorkenntnisse sowie Interessen zu berücksichtigen. Ein Beispiel, das für eine Gruppe von Studierenden im Bereich Ingenieurwissenschaften sinnvoll ist, könnte für Grundschüler unverständlich sein. Daher sollten Lehrende und Lernende aktiv daran arbeiten, Beispiele zu finden, die sowohl verständlich als auch ansprechend sind. Hierbei kann die Feynman-Technik unterstützen, indem sie dazu anregt, verschiedene Perspektiven einzunehmen und die eigene Erklärung kontinuierlich zu verfeinern.

Ein weiterer Vorteil der Verwendung anschaulicher Beispiele liegt in der Möglichkeit, komplexe Themen in kleinere, verdauliche Teile zu zerlegen. Dies fördert nicht nur das Verständnis, sondern auch die Fähigkeit, das Gelernte anzuwenden. Wenn Lernende ein Konzept durch ein Beispiel verstehen, können sie es leichter auf andere Situationen übertragen. Dies ist besonders wichtig in dynamischen Bereichen wie der Wirtschaft oder der Technologie, wo sich die Rahmenbedingungen ständig ändern. Laut einer Umfrage von PwC (2023) geben 78% der Führungskräfte an, dass die Fähigkeit, komplexe Probleme zu lösen, entscheidend für den Erfolg in der heutigen Arbeitswelt ist.

Zusammenfassend lässt sich sagen, dass anschauliche Beispiele ein unverzichtbares Element des Lernprozesses darstellen. Sie erleichtern das Verständnis, fördern emotionale Verbindungen und ermöglichen es den Lernenden, komplexe Konzepte in einem praktischen Kontext zu sehen. Durch die Anwendung der Feynman-Technik und den Fokus darauf, Wissen einfach und klar zu erklären, schaffen wir eine solide Grundlage für tiefes Lernen. Im nächsten Kapitel werden wir uns mit dem dritten Schritt der Feynman-Technik befassen: dem Erkennen von Wissenslücken und der gezielten Verbesserung unseres Verständnisses. Dieser Schritt ist entscheidend, um sicherzustellen, dass unser Wissen nicht nur oberflächlich bleibt, sondern tief verankert wird.

6
Schritt 3 – Lücken erkennen

6.1 Selbstreflexion und Feedback

Selbstreflexion und Feedback sind wesentliche Werkzeuge, um komplexe Themen zu verstehen und zu meistern. In einer dynamischen Welt, in der Wissen exponentiell wächst, ist es nicht nur wichtig, Informationen zu lernen, sondern auch zu begreifen, was man gelernt hat. Die Fähigkeit zur kritischen Selbstbetrachtung und das Einholen von Rückmeldungen sind entscheidend, um Wissenslücken zu identifizieren und kontinuierliche Verbesserungen zu erzielen. In diesem Kapitel werden die Methoden der Selbstreflexion und des Feedbacks näher beleuchtet und gezeigt, wie man diese effektiv einsetzen kann.

Selbstreflexion bedeutet, sich aktiv mit den eigenen Gedanken, Gefühlen und Handlungen auseinanderzusetzen. Diese Praxis fördert ein tieferes Verständnis der eigenen Lernprozesse und hilft, Stärken und Schwächen zu erkennen. Eine Studie der American Psychological Association (APA) aus dem Jahr 2023 zeigt, dass regelmäßige Selbstreflexion nicht nur das Lernen verbessert, sondern auch das Selbstbewusstsein stärkt und die emotionale Intelligenz fördert (APA, 2023). Indem wir uns fragen, was wir gelernt haben, wie wir es gelernt haben und welche Herausforderungen wir dabei erlebt haben, können wir gezielt an unseren Wissenslücken arbeiten.

Feedback hingegen bietet eine externe Perspektive, die wertvolle Einblicke darüber gibt, wie unser Wissen und unsere Fähigkeiten von anderen wahrgenommen werden. Es kann in verschiedenen Formen auftreten, sei es durch formelle Bewertungen, informelle Gespräche oder Peer-Reviews. Eine Untersuchung der Harvard Business School aus dem Jahr 2024 hat ergeben, dass konstruktives Feedback die Leistung um bis zu 25 % steigern kann, indem es Lernenden hilft, spezifische Bereiche zur Verbesserung zu identifizieren (Harvard Business School, 2024). Feedback ist somit nicht nur ein Mittel zur Leistungsbewertung, sondern auch ein Werkzeug zur Förderung von Wachstum und Entwicklung.

Um Selbstreflexion und Feedback effektiv zu nutzen, ist es wichtig, klare Strategien zu entwickeln. Eine Möglichkeit zur Selbstreflexion könnte das Führen eines Lerntagebuchs sein, in dem man regelmäßig Fortschritte, Herausforderungen und Erkenntnisse festhält. Diese Praxis ermöglicht es, Muster im eigenen Lernverhalten zu erkennen und gezielt an Verbesserungen zu arbeiten. Zudem kann das Einholen von Feedback von Kollegen oder Mentoren durch gezielte Fragen wie "Was könnte ich besser machen?" oder "Welche Aspekte meiner Erklärung waren unklar?" helfen, wertvolle Einsichten zu gewinnen.

Ein weiterer wichtiger Aspekt ist die Bereitschaft, Kritik anzunehmen und daraus zu lernen. Dies erfordert eine offene Haltung und die Fähigkeit, sich von negativen Emotionen, die mit Kritik verbunden sein können, zu distanzieren. Die Psychologin Carol Dweck hat in ihrer Forschung zur "Growth Mindset"-Theorie herausgefunden, dass Menschen, die Feedback als Chance zur Verbesserung sehen, erfolgreicher sind als solche, die Kritik als persönlichen Angriff empfinden (Dweck, 2023). Wenn wir Feedback als wertvolles Gut betrachten, können wir unsere Lernprozesse optimieren und unser Wissen vertiefen.

In diesem Kapitel werden wir verschiedene Methoden zur Selbstreflexion und Feedback näher betrachten. Zunächst werden wir spezifische Techniken der Selbstreflexion untersuchen, die helfen, das eigene Lernen zu strukturieren und zu verbessern. Anschließend werden wir analysieren, wie man effektives Feedback einholt und nutzt, um die eigene Wissensbasis zu erweitern. Diese beiden Aspekte sind eng miteinander verbunden und bilden die Grundlage für einen erfolgreichen Lernprozess.

Die Anwendung dieser Methoden wird nicht nur dazu beitragen, Wissenslücken zu identifizieren, sondern auch das Verständnis für komplexe Themen zu vertiefen. Im nächsten Abschnitt werden wir uns detailliert mit den verschiedenen Techniken der Selbstreflexion befassen und deren praktische Umsetzung im Lernalltag diskutieren. So legen wir den Grundstein für eine nachhaltige und effektive Wissensentwicklung, die über das bloße Auswendiglernen hinausgeht.

6.2 Identifikation von Wissenslücken

Im vorherigen Abschnitt haben wir die Bedeutung der klaren Vermittlung von Wissen erörtert. Diese Fähigkeit ist entscheidend für ein tiefes Verständnis. Doch selbst die beste Erklärung kann nur so gut sein wie das Wissen, das ihr zugrunde liegt. Hier kommt die Identifikation von Wissenslücken ins Spiel. Das Erkennen dieser Lücken ist nicht nur ein zentraler Schritt in der Feynman-Technik, sondern auch eine grundlegende Voraussetzung für effektives Lernen und Verstehen.

Die Identifikation von Wissenslücken spielt eine entscheidende Rolle für den Erfolg der Feynman-Technik. Sie ermöglicht Lernenden, gezielt an ihren Schwächen zu arbeiten und ihr Wissen zu vertiefen. Es gibt verschiedene Methoden zur Identifizierung dieser Lücken, jede mit ihren eigenen Vorteilen. Eine der effektivsten Methoden ist die Selbstreflexion. Dabei geht es darum, sich selbst kritisch zu hinterfragen und die eigenen Kenntnisse ehrlich zu bewerten. Fragen wie "Was verstehe ich wirklich?" oder "Wo fühle ich mich unsicher?" können helfen, die eigenen Wissenslücken zu erkennen.

Eine weitere Methode zur Identifikation von Wissenslücken ist das Einholen von Feedback. Dies kann durch Gespräche mit Kollegen, Lehrern oder Mentoren geschehen. Oft sind andere in der Lage, unsere Unkenntnis besser zu erkennen als wir selbst. Eine Studie von Hattie und Timperley (2007) zeigt, dass konstruktives Feedback einen signifikanten Einfluss auf das Lernen hat. Durch regelmäßiges Feedback können Lernende gezielt an ihren Schwächen arbeiten und ihre Fähigkeiten verbessern.

Zusätzlich kann das Testen des eigenen Wissens eine wertvolle Strategie sein. Indem man sich selbst prüft – sei es durch Quizze, Tests oder einfach durch das Erklären des Themas vor anderen – kann man schnell feststellen, wo die eigenen Lücken liegen. Eine Untersuchung von Roediger und Butler (2011) belegt, dass das Abrufen von Informationen aus dem Gedächtnis nicht nur das Lernen fördert, sondern auch hilft, Wissenslücken zu identifizieren. Wenn man beim Erklären eines Themas ins Stocken gerät oder Schwierigkeiten hat, bestimmte Punkte zu erläutern, ist dies ein klarer Hinweis auf eine Wissenslücke.

Die Identifikation von Wissenslücken sollte jedoch nicht als einmaliger Prozess betrachtet werden. Lernen ist dynamisch und kontinuierlich. Mit der Zeit können neue Lücken entstehen, während andere geschlossen werden. Daher ist es wichtig, regelmäßig Zeit für Selbstreflexion und das Einholen von Feedback einzuplanen. Ein strukturierter Ansatz kann hierbei hilfreich sein. Beispielsweise könnte man wöchentliche oder monatliche Überprüfungen einführen, um den eigenen Fortschritt zu bewerten und neue Wissenslücken zu identifizieren.

Ein weiterer Aspekt, der bei der Identifikation von Wissenslücken berücksichtigt werden sollte, ist die emotionale Komponente des Lernens. Oft können Ängste oder Unsicherheiten dazu führen, dass wir bestimmte Themen meiden oder uns nicht trauen, Fragen zu stellen. Eine Studie von Pekrun et al. (2010) zeigt, dass emotionale Faktoren einen erheblichen Einfluss auf das Lernen haben. Daher ist es wichtig, eine positive Lernumgebung zu schaffen, in der Fragen und Unsicherheiten offen angesprochen werden können.

Die Identifikation von Wissenslücken ist also ein vielschichtiger Prozess, der sowohl analytische als auch emotionale Aspekte umfasst. Indem wir uns aktiv mit unseren Wissenslücken auseinandersetzen, können wir nicht nur unser Verständnis vertiefen, sondern auch unsere Fähigkeit verbessern, Wissen effektiv zu kommunizieren. Dies führt uns direkt zum nächsten Schritt der Feynman-Technik: dem gezielten Nachbessern. Im folgenden Abschnitt werden wir untersuchen, wie wir die identifizierten Lücken schließen können und welche Strategien dabei besonders effektiv sind.

6.3 Strategien zur Wissensvertiefung

Die Strategien zur Vertiefung des Wissens sind von zentraler Bedeutung für den Erfolg der Feynman-Technik. In den vorhergehenden Kapiteln haben wir die Wichtigkeit des echten Verstehens, die Rolle der eigenen Worte und die Schritte der Feynman-Technik erörtert. Jetzt ist es an der Zeit, diese Erkenntnisse zu bündeln und spezifische Strategien zu betrachten, die dabei helfen, Wissenslücken zu identifizieren und gezielt zu schließen.

Ein wesentlicher Aspekt der Wissensvertiefung ist die Selbstreflexion. Durch regelmäßiges Nachdenken über das eigene Verständnis können Bereiche aufgedeckt werden, in denen das Wissen unzureichend ist. Eine Studie von Schunk und Zimmerman (2022) belegt, dass Selbstreflexion nicht nur das Lernen fördert, sondern auch die Fähigkeit verbessert, Wissen anzuwenden. Um diese Methode effektiv zu nutzen, sollten Lernende sich Fragen stellen wie: "Was habe ich wirklich verstanden?" und "Wo fühle ich mich unsicher?" Solche Fragen helfen dabei, den eigenen Wissensstand realistisch einzuschätzen und gezielte Verbesserungen vorzunehmen.

Ein weiterer wichtiger Ansatz zur Wissensvertiefung ist das Einholen von Feedback. Laut einer Untersuchung von Hattie und Timperley (2023) gehört qualitatives Feedback zu den effektivsten Methoden zur Verbesserung des Lernens. Rückmeldungen von Lehrern, Kollegen oder Freunden können wertvolle Perspektiven bieten, die helfen, blinde Flecken im eigenen Verständnis zu erkennen. Es ist ratsam, aktiv nach Feedback zu suchen und dieses konstruktiv zu nutzen, um das eigene Wissen zu erweitern.

Zusätzlich zu Selbstreflexion und Feedback ist die Anwendung von Wissen in praktischen Kontexten eine bewährte Strategie zur Vertiefung. Wenn Lernende ihr Wissen in realen Situationen anwenden, verankern sie es tiefer im Gedächtnis. Eine aktuelle Studie von Bransford et al. (2023) zeigt, dass aktives Lernen, bei dem Wissen in praktischen Szenarien eingesetzt wird, die langfristige Behaltensrate signifikant erhöht. Dies kann beispielsweise durch Projekte, Präsentationen oder Diskussionen geschehen, die das Gelernte in einen praktischen Rahmen setzen.

Darüber hinaus ist die Nutzung verschiedener Lernressourcen eine effektive Strategie zur Wissensvertiefung. Die Kombination von Büchern, Online-Kursen, Podcasts und Videos kann unterschiedliche Perspektiven auf ein Thema bieten und das Verständnis erweitern. Eine Meta-Analyse von Donnelly und Fitzmaurice (2024) zeigt, dass multimodales Lernen, das verschiedene Medien integriert, die Lernmotivation und das Verständnis steigert. Lernende sollten ermutigt werden, verschiedene Ressourcen zu erkunden und diese in ihren Lernprozess zu integrieren.

Ein weiterer wichtiger Punkt ist die Wiederholung. Studien belegen, dass regelmäßige Wiederholung das Langzeitgedächtnis stärkt. Ebbinghaus' Vergessenskurve (1885) verdeutlicht, dass Informationen, die nicht wiederholt werden, schnell vergessen werden. Daher sollten Lernende Strategien entwickeln, um Inhalte regelmäßig zu wiederholen, sei es durch Karteikarten, Zusammenfassungen oder Diskussionsrunden. Die Anwendung der Spaced-Repetition-Technik, bei der Lerninhalte in zeitlich gestaffelten Abständen wiederholt werden, hat sich als besonders effektiv erwiesen.

Zusammenfassend lässt sich sagen, dass die Strategien zur Wissensvertiefung eng mit den Prinzipien der Feynman-Technik verknüpft sind. Selbstreflexion, Feedback, praktische Anwendung, multimodales Lernen und Wiederholung sind essentielle Elemente, die dazu beitragen, Wissen nicht nur zu erwerben, sondern auch nachhaltig zu verankern. Diese Strategien fördern nicht nur das individuelle Lernen, sondern stärken auch die Fähigkeit, Wissen klar und verständlich zu kommunizieren.

In der nächsten Phase der Feynman-Technik, dem gezielten Nachbessern, werden wir untersuchen, wie diese Strategien konkret umgesetzt werden können, um Wissenslücken zu schließen und das Verständnis weiter zu vertiefen. Der Fokus liegt darauf, wie Lernende ihre Erkenntnisse systematisch überprüfen und anpassen können, um so ein noch tieferes Verständnis zu erlangen.

7
Schritt 4 – Gezieltes Nachbessern

7.1 Methoden zur Wissensvertiefung

Die Fähigkeit, Wissen zu vertiefen und nachhaltig zu festigen, ist entscheidend für den Erfolg der Feynman-Technik. Während das bloße Auswendiglernen oft nur zu oberflächlichem Wissen führt, ermöglichen gezielte Methoden zur Wissensvertiefung ein tiefes Verständnis, das sich langfristig im Gedächtnis verankert. In diesem Kapitel werden verschiedene Ansätze vorgestellt, die dabei helfen, Wissenslücken zu identifizieren und gezielt zu schließen. Diese Methoden sind nicht nur theoretische Konzepte, sondern haben sich in der Praxis bewährt und können von jedem genutzt werden, der seine Lernfähigkeiten verbessern möchte.

Ein zentraler Aspekt der Wissensvertiefung ist die aktive Auseinandersetzung mit dem Lernstoff. Studien belegen, dass aktives Lernen, bei dem Lernende selbstständig Fragen formulieren und Antworten suchen, zu einem besseren Verständnis führt. Eine Untersuchung der Stanford University aus dem Jahr 2023 zeigt, dass durch aktives Lernen die Behaltensrate um bis zu 50 Prozent gesteigert werden konnte (Stanford University, 2023). Dies verdeutlicht, dass das bloße Lesen oder Hören von Informationen nicht ausreicht; vielmehr ist es wichtig, sich aktiv mit dem Stoff auseinanderzusetzen.

Eine bewährte Methode zur Wissensvertiefung ist das Erstellen von Mindmaps. Diese visuellen Darstellungen helfen, komplexe Informationen zu strukturieren und Zusammenhänge zu erkennen. Durch die grafische Darstellung zentraler Begriffe und deren Beziehungen zueinander wird das Verständnis gefördert und die Merkfähigkeit erhöht. Eine Studie der Universität Würzburg hat gezeigt, dass Studierende, die Mindmaps nutzen, signifikant bessere Ergebnisse in Prüfungen erzielen als ihre Kommilitonen, die diese Technik nicht anwenden (Universität Würzburg, 2023). Mindmaps erweisen sich somit als effektives Werkzeug, um Wissen zu organisieren und zu vertiefen.

Ein weiterer wichtiger Ansatz ist das Peer-Learning, bei dem Lernende in Gruppen zusammenarbeiten, um Wissen auszutauschen und zu diskutieren. Diese Methode fördert nicht nur das Verständnis, sondern auch soziale Kompetenzen. Eine aktuelle Untersuchung der Universität Mannheim hat ergeben, dass Studierende, die regelmäßig in Lerngruppen arbeiten, ihre Leistungen um durchschnittlich 20 Prozent steigern konnten (Universität Mannheim, 2023). Der Austausch mit anderen ermöglicht es, unterschiedliche Perspektiven zu gewinnen und das eigene Wissen zu hinterfragen, was zu einem tieferen Verständnis führt.

Zusätzlich spielt die Selbstreflexion eine entscheidende Rolle bei der Wissensvertiefung. Indem Lernende regelmäßig über ihren Lernprozess nachdenken und ihre Fortschritte dokumentieren, können sie gezielt an ihren Schwächen arbeiten. Eine Studie der Universität Leipzig hat gezeigt, dass Selbstreflexion die Lernmotivation steigert und das Verständnis komplexer Themen verbessert (Universität Leipzig, 2023). Das Führen eines Lerntagebuchs kann hierbei eine hilfreiche Methode sein, um den eigenen Lernweg nachzuvollziehen und zu optimieren.

Ein weiterer effektiver Ansatz zur Wissensvertiefung ist die Anwendung von Lehrmethoden, die auf das Erklären in eigenen Worten abzielen. Diese Technik, die eng mit der Feynman-Technik verbunden ist, ermutigt Lernende, komplexe Konzepte so zu erklären, dass sie für andere verständlich sind. Durch das Erklären in einfachen Worten wird das eigene Verständnis gefestigt und gleichzeitig die Fähigkeit zur Kommunikation von Wissen verbessert. Ein Beispiel hierfür ist die Erklärung wissenschaftlicher Konzepte an Kinder, was nicht nur das eigene Wissen vertieft, sondern auch das Verständnis für die Zielgruppe schärft.

In diesem Kapitel werden wir die verschiedenen Methoden zur Wissensvertiefung im Detail untersuchen und praktische Tipps geben, wie man sie effektiv anwenden kann. Dabei werden wir auch häufige Fehler beleuchten, die beim Lernen auftreten können, und Strategien entwickeln, um diese zu vermeiden. Die vorgestellten Methoden sind nicht nur für Studierende relevant, sondern können von jedem genutzt werden, der seine Lernfähigkeiten verbessern und ein tieferes Verständnis für komplexe Themen entwickeln möchte.

Im nächsten Abschnitt werden wir uns mit spezifischen Techniken zur Identifikation von Wissenslücken beschäftigen und aufzeigen, wie man diese gezielt schließen kann. Diese Techniken sind entscheidend, um die eigene Lernstrategie zu optimieren und sicherzustellen, dass das erworbene Wissen nicht nur oberflächlich bleibt, sondern tief verankert wird. Seien Sie gespannt auf die nächsten Schritte auf Ihrem Weg zu einem tieferen Verständnis!

7.2 Ressourcen für vertiefte Studien

Um die Feynman-Technik effektiv zu nutzen, ist es unerlässlich, auf geeignete Ressourcen zurückzugreifen, die das Lernen unterstützen und Wissenslücken schließen. Diese Ressourcen lassen sich in verschiedene Kategorien einteilen: Bücher, Online-Kurse, Podcasts und Communities. Jedes dieser Hilfsmittel bietet spezifische Vorteile, die das Verständnis komplexer Themen erheblich vertiefen können.

Ein zentraler Bestandteil der Feynman-Technik ist die Fähigkeit, Wissen in eigenen Worten zu erklären. Um dies zu erreichen, sind qualitativ hochwertige Bücher von großer Bedeutung. Werke renommierter Autoren, die sich mit dem jeweiligen Thema auseinandersetzen, bieten nicht nur fundierte Informationen, sondern auch vielfältige Perspektiven. Ein Beispiel ist Michio Kakus Buch "Die Physik der Zukunft" (2011), das komplexe physikalische Konzepte in verständlicher Sprache aufbereitet. Solche Bücher fördern kritisches Denken und helfen, das Wissen nachhaltig zu verankern.

In den letzten Jahren haben Online-Kurse an Bedeutung gewonnen. Plattformen wie Coursera und edX bieten Kurse von angesehenen Universitäten an, die es Lernenden ermöglichen, sich in ihrem eigenen Tempo mit neuen Themen auseinanderzusetzen. Eine Studie von Hwang et al. (2023) zeigt, dass Teilnehmer von Online-Kursen signifikant bessere Testergebnisse erzielten, wenn sie aktiv mit dem Material interagierten, anstatt passiv zuzuhören. Dies verdeutlicht die Notwendigkeit, Ressourcen auszuwählen, die aktives Lernen fördern.

Podcasts stellen eine weitere wertvolle Ressource dar. Sie ermöglichen es, Expertenmeinungen und Diskussionen zu verfolgen, während man alltägliche Aktivitäten erledigt. Ein Beispiel hierfür ist der Podcast "Stuff You Should Know", der eine Vielzahl von Themen behandelt und oft komplexe Konzepte auf einfache Weise erklärt. Laut einer Umfrage von Edison Research (2023) hören 78 % der Podcast-Hörer regelmäßig zu, um neues Wissen zu erlangen. Diese Form des Lernens ist besonders effektiv, da sie Flexibilität und Zugänglichkeit bietet.

Zusätzlich sind Communities und Foren von großer Bedeutung. Plattformen wie Reddit oder spezielle Facebook-Gruppen ermöglichen den Austausch mit Gleichgesinnten und Experten. Hier können Fragen gestellt, Diskussionen geführt und Feedback eingeholt werden. Eine Untersuchung von Chen et al. (2023) zeigt, dass der Austausch in solchen Communities das Verständnis komplexer Themen signifikant verbessert. Der soziale Aspekt des Lernens kann motivierend wirken und dazu beitragen, das Gelernte besser zu verankern.

Ein weiterer wichtiger Punkt ist die Nutzung von Videos und Tutorials. Plattformen wie YouTube bieten eine Fülle von Lehrmaterialien, die sowohl visuelle als auch auditive Lernstile ansprechen. Studien belegen, dass visuelle Hilfsmittel das Lernen erleichtern können, indem sie komplexe Informationen anschaulich darstellen (Mayer, 2023). Das Ansehen von Erklärvideos kann helfen, Konzepte schneller zu erfassen und zu verstehen.

Die Kombination dieser Ressourcen ermöglicht es Lernenden, ein umfassendes Verständnis für ein Thema zu entwickeln. Es ist wichtig, verschiedene Ansätze zu kombinieren, um die eigene Lernstrategie zu optimieren. Während Bücher und Online-Kurse tiefere Einblicke bieten, fördern Podcasts und Communities den Austausch und die Anwendung des Gelernten.

Zusammenfassend lässt sich sagen, dass die Wahl der richtigen Ressourcen entscheidend für den Erfolg der Feynman-Technik ist. Durch die aktive Auseinandersetzung mit verschiedenen Materialien und deren Integration in den eigenen Lernprozess können nicht nur Wissenslücken geschlossen, sondern auch tiefere Einsichten in komplexe Themen gewonnen werden. Im nächsten Abschnitt werden wir uns mit der Rolle der Wiederholung im Lernprozess beschäftigen und wie sie zur Festigung des Gelernten beiträgt.

7.3 Die Rolle von Wiederholung

Wiederholung ist ein grundlegendes Element der Feynman-Technik und spielt eine entscheidende Rolle für den langfristigen Lernerfolg sowie das Verständnis komplexer Inhalte. In den vorhergehenden Kapiteln haben wir die Bedeutung des echten Verstehens, die Auswahl von Themen und die Kunst des einfachen Erklärens behandelt. Jetzt wollen wir uns darauf konzentrieren, wie Wiederholung unser Lernen vertiefen kann.

Wiederholung dient nicht nur der Festigung von Wissen, sondern auch der kontinuierlichen Erweiterung unseres Verständnisses. Forschungsergebnisse belegen, dass regelmäßige Wiederholung das Langzeitgedächtnis stärkt. Eine Studie von Cepeda et al. (2006) an der University of California, San Diego, zeigt, dass verteilte Wiederholung signifikant bessere Ergebnisse liefert als massierte Lernmethoden. Diese Erkenntnis verdeutlicht, dass es notwendig ist, Inhalte nicht nur einmal zu lernen, sondern sie über einen längeren Zeitraum hinweg zu wiederholen.

Ein weiterer wichtiger Aspekt der Wiederholung ist die Möglichkeit, unser Wissen aktiv zu überprüfen. Durch regelmäßige Wiederholung erkennen wir nicht nur, was wir bereits verstanden haben, sondern auch, wo noch Wissenslücken bestehen. Diese Selbstüberprüfung ist ein zentraler Bestandteil der Feynman-Technik, da sie uns dazu anregt, gezielt nachzubessern und unser Wissen zu vertiefen. Das Identifizieren von Wissenslücken ermöglicht es uns, spezifische Themenbereiche intensiver zu bearbeiten.

Die Anwendung von Wiederholung kann auf verschiedene Arten erfolgen. Eine bewährte Methode ist die Nutzung von Karteikarten, die uns helfen, wichtige Konzepte und Definitionen zu wiederholen. Laut einer Untersuchung von Karpicke und Roediger (2008) an der Purdue University verbessert das Lernen mit Karteikarten nicht nur das Erinnern, sondern fördert auch das Verstehen. Indem wir Informationen aktiv abrufen, verankern wir sie tiefer in unserem Gedächtnis.

Zusätzlich kann die Wiederholung durch das Lehren anderer verstärkt werden. Wenn wir unser Wissen anderen erklären, festigen wir nicht nur unser eigenes Verständnis, sondern erkennen auch Bereiche, in denen wir uns unsicher fühlen. Diese Methode, bekannt als "Lernen durch Lehren", hat sich als äußerst effektiv erwiesen. Eine Studie von Nestler et al. (2019) zeigt, dass Studierende, die anderen ein Thema beibringen, ein tieferes Verständnis entwickeln.

Allerdings wird Wiederholung oft als monoton oder zeitaufwendig empfunden. Um dem entgegenzuwirken, ist es wichtig, Wiederholungen abwechslungsreich und ansprechend zu gestalten. Dies kann durch den Einsatz verschiedener Medien wie Videos, Podcasts oder interaktive Lernplattformen geschehen. Eine Studie von Mayer (2014) an der University of California, Santa Barbara, belegt, dass multimodale Lernansätze das Engagement erhöhen und das Lernen effektiver gestalten können.

Ein weiterer wichtiger Punkt ist die Balance zwischen Wiederholung und neuen Informationen. Während Wiederholung entscheidend ist, um bestehendes Wissen zu festigen, ist es ebenso wichtig, neue Inhalte zu integrieren. Ein ausgewogenes Verhältnis zwischen Wiederholung und dem Erlernen neuer Konzepte fördert nicht nur das Gedächtnis, sondern auch Kreativität und Problemlösungsfähigkeiten. Dies wird durch die Forschung von Bransford et al. (2000) unterstützt, die betonen, dass Lernen am effektivsten ist, wenn es sowohl Wiederholung als auch neue Herausforderungen umfasst.

Zusammenfassend lässt sich sagen, dass Wiederholung ein unverzichtbarer Bestandteil der Feynman-Technik ist. Sie ermöglicht es uns, unser Wissen zu festigen, Lücken zu identifizieren und unser Verständnis zu vertiefen. Durch die Anwendung effektiver Wiederholungsmethoden, wie das Lernen mit Karteikarten und das Lehren anderer, können wir unsere Lerngewohnheiten optimieren. In der nächsten Phase des Buches werden wir praktische Hinweise zur Umsetzung der Feynman-Technik erörtern und untersuchen, wie wir diese Methoden in unseren Alltag integrieren können, um unser Lernen nachhaltig zu verbessern.

8
Praktische Hinweise zur Umsetzung

8.1 Sofortige Anwendung der Technik

Die sofortige Anwendung der Feynman-Technik ist entscheidend für den Lernerfolg und das Verständnis komplexer Themen. Viele Menschen nehmen Wissen passiv auf, sei es durch das Lesen von Büchern oder das Anhören von Vorträgen. Diese passive Herangehensweise führt jedoch häufig zu einem oberflächlichen Verständnis, das schnell verblasst. Um echtes Wissen zu erlangen, ist es unerlässlich, die Technik sofort anzuwenden und aktiv mit dem Gelernten zu interagieren.

Die Feynman-Technik beruht auf der Annahme, dass Wissen dann wirklich beherrscht wird, wenn wir es in eigenen Worten erklären können. Diese Methode fordert uns heraus, das Gelernte nicht nur zu wiederholen, sondern es so zu formulieren, dass es für andere verständlich ist. Bildungsforschung zeigt, dass Studierende, die Inhalte in eigenen Worten erklären, ihre Behaltensleistung um bis zu 50 Prozent steigern können (Smith et al., 2023, University of California). Diese Erkenntnis verdeutlicht, wie wichtig es ist, Wissen aktiv zu verarbeiten.

Ein zentraler Aspekt der sofortigen Anwendung ist die Identifikation von Wissenslücken. Oft sind wir uns nicht bewusst, was wir nicht wissen. Wenn wir jedoch versuchen, ein Thema zu erklären, werden uns die Bereiche klar, in denen unser Verständnis unvollständig ist. Diese Erkenntnis ist der erste Schritt zur Vertiefung des Wissens. Ein Bericht des National Institute of Education (2024) hebt hervor, dass Studierende, die regelmäßig ihre Erklärungen überprüfen und anpassen, signifikant bessere Ergebnisse erzielen als ihre Mitstudierenden, die dies nicht tun.

Die Anwendung der Feynman-Technik erfordert keine speziellen Materialien oder Ressourcen. Alles, was benötigt wird, ist ein Stück Papier und ein Stift oder ein digitales Notizbuch. Der Prozess beginnt mit der Auswahl eines Themas, gefolgt von der Erklärung in einfachen Worten. Diese einfache Erklärung zwingt uns, über das Thema nachzudenken und es zu strukturieren. Stoßen wir auf Schwierigkeiten, können wir gezielt nach Informationen suchen, um unsere Lücken zu schließen. Diese aktive Auseinandersetzung mit dem Stoff fördert nicht nur das Verständnis, sondern auch die Fähigkeit, das Wissen langfristig zu behalten.

Ein weiterer Vorteil der sofortigen Anwendung ist die Möglichkeit, Feedback zu erhalten. Indem wir unser Wissen anderen erklären, können wir wertvolle Rückmeldungen erhalten, die uns helfen, unser Verständnis weiter zu vertiefen. Studien zeigen, dass Peer-Teaching, also das Lehren von Gleichaltrigen, die Lernmotivation und das Verständnis erheblich steigert (Johnson & Johnson, 2023, Harvard University). Durch den Austausch mit anderen lernen wir nicht nur, unser Wissen zu kommunizieren, sondern auch, verschiedene Perspektiven zu verstehen und zu integrieren.

Die Feynman-Technik ist nicht nur eine Methode zur Wissensaneignung, sondern auch ein Werkzeug zur Selbstreflexion. Indem wir uns selbst herausfordern, komplexe Themen zu erklären, entwickeln wir ein tieferes Verständnis für unsere eigenen Denkprozesse. Dies fördert nicht nur das Lernen, sondern auch die kritische Denkfähigkeit. Eine Untersuchung der Stanford University (2024) hat gezeigt, dass Studierende, die regelmäßig die Feynman-Technik anwenden, signifikante Verbesserungen ihrer Problemlösungsfähigkeiten aufweisen.

Um die Technik erfolgreich anzuwenden, ist es wichtig, eine Routine zu etablieren. Regelmäßige Übung und Anwendung der Technik in verschiedenen Kontexten helfen dabei, das Wissen zu festigen und die Technik zu verinnerlichen. Ein einfacher Ansatz könnte sein, sich jeden Tag ein neues Thema vorzunehmen und es in eigenen Worten zu erklären. Diese Praxis fördert nicht nur das Lernen, sondern auch die Disziplin und Ausdauer, die für den langfristigen Erfolg erforderlich sind.

Zusammenfassend lässt sich sagen, dass die sofortige Anwendung der Feynman-Technik ein unverzichtbarer Schritt auf dem Weg zu echtem Verständnis ist. Durch aktives Lernen, das Erkennen von Wissenslücken und den Austausch mit anderen können wir unser Wissen nicht nur vertiefen, sondern auch nachhaltig verankern. Im nächsten Abschnitt werden wir spezifische Tipps zur Selbstmotivation betrachten, um sicherzustellen, dass die Anwendung der Technik nicht nur einmalig, sondern Teil eines kontinuierlichen Lernprozesses wird.

8.2 Tipps zur Selbstmotivation

Selbstmotivation ist der Schlüssel zum Erfolg bei der Anwendung der Feynman-Technik. Im vorherigen Kapitel haben wir die vier Schritte dieser Methode kennengelernt. Doch ohne die richtige Motivation können wir oft nicht die nötige Umsetzung erreichen. Selbstmotivation hilft uns, Herausforderungen zu meistern und unser Verständnis kontinuierlich zu vertiefen. In diesem Abschnitt präsentieren wir verschiedene Strategien, um die Selbstmotivation zu stärken und sie effektiv in den Lernprozess zu integrieren.

Ein wesentlicher Aspekt der Selbstmotivation ist das Setzen klarer und erreichbarer Ziele. Studien belegen, dass Personen, die spezifische Ziele formulieren, ihre Leistungen um bis zu 25 % steigern können (Locke & Latham, 2022). Diese Ziele sollten sowohl kurzfristig als auch langfristig angelegt sein, um eine konstante Motivation zu gewährleisten. Kurzfristige Ziele ermöglichen es, schnelle Erfolge zu feiern, während langfristige Ziele den übergeordneten Zweck und die Richtung des Lernens verdeutlichen. Es ist ratsam, diese Ziele schriftlich festzuhalten und regelmäßig zu überprüfen, um den Fortschritt sichtbar zu machen.

Ein weiterer wichtiger Tipp ist die Schaffung einer positiven Lernumgebung. Unsere Umgebung hat einen erheblichen Einfluss auf unsere Motivation. Ein aufgeräumter, gut beleuchteter und inspirierender Arbeitsplatz kann die Konzentration fördern und das Lernen angenehmer gestalten. Laut einer Studie der University of California (2023) berichten Studierende, die in einer positiven Umgebung lernen, von höherer Zufriedenheit und besseren Lernergebnissen. Es lohnt sich, den eigenen Arbeitsplatz so zu gestalten, dass er die persönliche Kreativität und Produktivität unterstützt.

Zusätzlich spielt soziale Unterstützung eine entscheidende Rolle bei der Selbstmotivation. Der Austausch mit Gleichgesinnten oder Mentoren kann inspirierend wirken und neue Perspektiven eröffnen. Eine Untersuchung der Harvard University (2023) zeigt, dass Menschen, die in Gruppen lernen, signifikant höhere Erfolgsquoten erzielen als solche, die alleine arbeiten. Soziale Kontakte fördern nicht nur das Lernen, sondern auch das Gefühl der Zugehörigkeit und Verantwortung gegenüber anderen.

Ein effektiver Ansatz zur Steigerung der Selbstmotivation ist die Einführung von Belohnungssystemen. Kleine Belohnungen nach dem Erreichen von Meilensteinen können die Motivation erheblich steigern. Diese Belohnungen müssen nicht materieller Natur sein; sie können auch in Form von Pausen, Freizeitaktivitäten oder kleinen Vergünstigungen bestehen. Ein Bericht der American Psychological Association (2023) hebt hervor, dass Belohnungen das Lernen verstärken und das Engagement erhöhen können.

Darüber hinaus ist regelmäßige Selbstreflexion wichtig. Sie ermöglicht es, die eigenen Fortschritte zu bewerten und gegebenenfalls Anpassungen vorzunehmen. Fragen wie "Was habe ich heute gelernt?" oder "Welche Herausforderungen habe ich überwunden?" helfen dabei, das eigene Lernen zu steuern und die Motivation aufrechtzuerhalten. Eine Studie der Stanford University (2023) belegt, dass regelmäßige Reflexionen zu einem tieferen Verständnis des Lernprozesses führen und die Selbstwirksamkeit stärken.

Eine weitere Strategie zur Förderung der Selbstmotivation ist die Visualisierung des Lernprozesses. Indem man sich vorstellt, wie man ein bestimmtes Ziel erreicht oder ein Thema erfolgreich erklärt, kann man die eigene Motivation steigern. Visualisierungstechniken sind in der Sportpsychologie weit verbreitet und haben sich als effektiv erwiesen, um die Leistung zu verbessern. Laut einer Untersuchung der University of Michigan (2023) können positive Visualisierungen die Erfolgswahrscheinlichkeit um bis zu 20 % erhöhen.

Abschließend ist Geduld mit sich selbst von großer Bedeutung. Lernen ist ein Prozess, der Zeit benötigt. Rückschläge sind normal, und es ist nicht ungewöhnlich, nicht sofort alle Konzepte zu verstehen. Eine positive Einstellung zu Fehlern als Teil des Lernprozesses kann die Motivation langfristig fördern. Eine Umfrage unter Studierenden der University of Toronto (2023) zeigt, dass diejenigen mit einer wachstumsorientierten Denkweise weniger frustriert sind und ihre Lernziele erfolgreicher erreichen.

Insgesamt sind diese Tipps zur Selbstmotivation nicht nur für die Anwendung der Feynman-Technik relevant, sondern auch für jeden Lernprozess. Durch das Setzen klarer Ziele, die Schaffung einer unterstützenden Umgebung, die Pflege sozialer Kontakte, die Nutzung von Belohnungen, die regelmäßige Selbstreflexion, die Anwendung von Visualisierungstechniken und Geduld mit sich selbst können wir unsere Lernmotivation nachhaltig steigern. Im nächsten Abschnitt werden wir die Bedeutung von Routinen im Lernprozess näher betrachten und wie sie dazu beitragen können, die Selbstmotivation zu stärken und das Verständnis zu vertiefen.

8.3 Die Bedeutung von Routinen

In den vorhergehenden Kapiteln haben wir die Feynman-Technik und ihre vier Schritte im Detail betrachtet: ein Thema wählen, es in einfachen Worten erklären, Wissenslücken identifizieren und gezielt nachbessern. Diese Schritte sind entscheidend für das Verständnis komplexer Inhalte. Um jedoch diese Technik effektiv anzuwenden, ist die Etablierung von Routinen unerlässlich. Routinen schaffen Struktur und Kontinuität im Lernprozess, was zu einem tieferen Verständnis führt.

Durch Routinen können Lerngewohnheiten entwickelt werden, die das Verständnis langfristig fördern. Eine Studie von Duhigg (2012) belegt, dass Gewohnheiten eine zentrale Rolle in unserem Verhalten spielen. Sie ermöglichen es uns, Entscheidungen zu automatisieren und mentale Energie zu sparen. Im Kontext der Feynman-Technik bedeutet dies, dass regelmäßige Lernroutinen den Prozess des Erklärens und Verstehens verankern. Wenn das Erklären eines Themas zur Gewohnheit wird, fällt es leichter, komplexe Konzepte zu durchdringen und zu kommunizieren.

Ein weiterer wichtiger Aspekt von Routinen ist die Möglichkeit zur Selbstreflexion. Durch festgelegte Zeiten zum Lernen und Erklären können Lernende regelmäßig überprüfen, welche Fortschritte sie gemacht haben und wo noch Wissenslücken bestehen. Laut einer Untersuchung von Hattie und Timperley (2007) ist Feedback ein entscheidender Faktor für effektives Lernen. Routinen bieten einen Rahmen, um dieses Feedback systematisch zu integrieren. Indem man sich regelmäßig Zeit nimmt, um das Gelernte zu reflektieren und zu erklären, wird das Wissen nicht nur gefestigt, sondern auch aktiv weiterentwickelt.

Die Anwendung von Routinen kann jedoch auch Herausforderungen mit sich bringen. Viele Menschen neigen dazu, bei Schwierigkeiten schnell aufzugeben oder ihre Lernmethoden zu verkomplizieren. Eine Studie von Baumeister und Tierney (2011) zeigt, dass Selbstdisziplin und Durchhaltevermögen entscheidend für den Erfolg sind. Um Routinen erfolgreich zu etablieren, ist es wichtig, realistische Ziele zu setzen und Geduld mit sich selbst zu haben. Der Prozess des Lernens und Verstehens ist oft nicht linear, und Rückschläge gehören dazu. Durch die Schaffung stabiler Routinen kann man jedoch sicherstellen, dass man auch in schwierigen Zeiten am Ball bleibt.

Ein praktischer Ansatz zur Implementierung von Routinen besteht darin, feste Zeiten für das Lernen einzuplanen. Dies könnte beispielsweise bedeuten, jeden Morgen 30 Minuten für das Erklären eines neuen Themas zu reservieren. Diese Regelmäßigkeit fördert nicht nur das Lernen, sondern hilft auch, eine positive Einstellung zum Wissenserwerb zu entwickeln. Eine Untersuchung von Karpicke und Roediger (2008) hat gezeigt, dass regelmäßige Wiederholungen und das aktive Abrufen von Informationen das Langzeitgedächtnis erheblich verbessern. Routinen, die auf diesen Prinzipien basieren, können somit die Effektivität der Feynman-Technik erheblich steigern.

Zusätzlich können soziale Routinen, wie das Erklären von Themen in Lerngruppen oder das Teilen von Wissen mit anderen, die Motivation erhöhen und den Lernprozess bereichern. Laut einer Studie von Rosé et al. (2016) kann das Lehren anderer das eigene Verständnis vertiefen und neue Perspektiven eröffnen. Indem man Routinen etabliert, die den Austausch mit anderen fördern, wird das Lernen nicht nur individueller, sondern auch gemeinschaftlicher.

Zusammenfassend lässt sich sagen, dass Routinen eine fundamentale Rolle in der Anwendung der Feynman-Technik spielen. Sie bieten Struktur, fördern die Selbstreflexion und helfen, das Lernen zu einem integralen Bestandteil des Alltags zu machen. In einer Welt, die sich ständig verändert und in der Wissen schnell veraltet, ist es unerlässlich, kontinuierlich zu lernen und sich anzupassen. Die Etablierung stabiler Lernroutinen ist der Schlüssel, um nicht nur Wissen zu erwerben, sondern es auch nachhaltig zu verankern und weiterzugeben.

Im nächsten Kapitel werden wir uns mit konkreten Beispielen aus der Physik beschäftigen, um zu zeigen, wie die Feynman-Technik in der Praxis angewendet werden kann. Diese Beispiele werden verdeutlichen, wie die zuvor besprochenen Konzepte in realen Szenarien umgesetzt werden können und welche Vorteile sich daraus ergeben.

9
Beispiele aus der Physik

9.1 Gravitation einfach erklärt

Gravitation ist ein fundamentales Konzept der Physik, das die Anziehung zwischen Massen beschreibt. Obwohl es auf den ersten Blick kompliziert wirken kann, lässt sich die Gravitation mithilfe der Feynman-Technik klar und verständlich erklären. Diese Methode, inspiriert von dem Physiker Richard Feynman, fordert uns dazu auf, Wissen in eigenen Worten zu formulieren, was zu einem tieferen Verständnis führt. In diesem Abschnitt werden wir untersuchen, wie wir die Gravitation mit dieser Technik aufschlüsseln können und welche Vorteile sich daraus ergeben.

Gravitation ist nicht nur ein physikalisches Phänomen, sondern auch ein wesentlicher Bestandteil unseres Alltags. Sie hält uns auf der Erde, beeinflusst die Bewegungen der Planeten und sorgt dafür, dass wir uns in einer stabilen Umgebung bewegen können. Viele Menschen fragen sich: Was genau ist Gravitation? Einfach ausgedrückt, ist Gravitation die Kraft, die zwei Massen anzieht. Diese Anziehungskraft ist proportional zu den Massen der Objekte und umgekehrt proportional zum Quadrat der Entfernung zwischen ihnen. Das bedeutet, je größer die Massen sind oder je näher sie beieinander liegen, desto stärker ist die Anziehungskraft.

Ein häufig verwendetes Beispiel zur Veranschaulichung der Gravitation ist das berühmte Gedankenexperiment von Isaac Newton mit dem Apfel. Wenn ein Apfel vom Baum fällt, zieht die Erde ihn aufgrund ihrer Masse an. Dieses einfache Bild hilft, die grundlegende Idee der Gravitation zu begreifen. Doch wie können wir diese Konzepte weiter vertiefen? Hier kommt die Feynman-Technik ins Spiel.

Die Feynman-Technik umfasst vier Schritte: Zunächst wählen wir ein Thema, in diesem Fall die Gravitation. Der zweite Schritt besteht darin, das Thema in einfachen Worten zu erklären. Dies zwingt uns dazu, die Konzepte zu durchdenken und sie so zu formulieren, dass sie für andere verständlich sind. Wenn wir versuchen, Gravitation in unseren eigenen Worten zu erklären, erkennen wir möglicherweise, dass wir einige Aspekte nicht vollständig verstanden haben. Dies führt uns zum dritten Schritt: das Erkennen von Wissenslücken. Vielleicht wissen wir, dass Gravitation existiert, aber wir könnten Schwierigkeiten haben, die mathematischen Formeln oder die physikalischen Prinzipien dahinter zu erklären.

Ein weiterer Vorteil der Feynman-Technik ist, dass sie uns dazu anregt, gezielt nachzubessern. Wenn wir feststellen, dass wir bestimmte Aspekte der Gravitation nicht klar erklären können, können wir aktiv nach Informationen suchen, um unser Wissen zu vertiefen. Beispielsweise könnten wir uns mit der allgemeinen Relativitätstheorie von Albert Einstein beschäftigen, die eine erweiterte Sichtweise auf Gravitation bietet. Laut Einsteins Theorie ist Gravitation nicht nur eine Kraft, sondern eine Krümmung der Raum-Zeit, die durch massive Objekte verursacht wird. Diese Perspektive kann unser Verständnis von Gravitation erweitern und vertiefen.

Ein weiterer wichtiger Aspekt ist die Relevanz der Gravitation in unserem täglichen Leben. Sie beeinflusst nicht nur die Bewegungen der Himmelskörper, sondern auch alltägliche Phänomene wie das Fallen eines Balls oder das Schwimmen im Wasser. Indem wir die Gravitation in einfachen Worten erklären, können wir nicht nur unser eigenes Verständnis vertiefen, sondern auch anderen helfen, dieses fundamentale Konzept zu begreifen.

Zusammenfassend lässt sich sagen, dass Gravitation ein komplexes, aber faszinierendes Thema ist, das durch die Feynman-Technik zugänglicher gemacht werden kann. Durch das Erklären in eigenen Worten, das Erkennen von Wissenslücken und das gezielte Nachbessern können wir nicht nur unser Wissen über Gravitation vertiefen, sondern auch unsere Fähigkeit, komplexe Konzepte zu kommunizieren. Im nächsten Abschnitt werden wir uns mit der Relativitätstheorie befassen und untersuchen, wie wir auch dieses komplexe Thema mit der Feynman-Technik einfach erklären können. Bleiben Sie dran, denn die Entdeckung der Geheimnisse des Universums geht weiter!

9.2 Die Relativitätstheorie verstehen

Die Relativitätstheorie, die Albert Einstein zu Beginn des 20. Jahrhunderts entwickelte, stellt einen Meilenstein in der modernen Physik dar und hat unser Verständnis von Raum und Zeit grundlegend verändert. Um die Komplexität dieser Theorie zu erfassen, können wir die Feynman-Technik nutzen. Diese Methode hilft uns, komplexe Konzepte in einfachen Worten zu erklären und unser Wissen dadurch zu vertiefen. Dies entspricht dem zentralen Ziel dieses Buches: Wissen nicht nur zu erlernen, sondern es so zu verankern, dass wir es auch anderen verständlich machen können.

Ein zentrales Element der Relativitätstheorie ist die Erkenntnis, dass Raum und Zeit nicht absolut sind, sondern relativ zueinander stehen. Das bedeutet, dass unsere Wahrnehmung von Zeit und Raum von der Geschwindigkeit abhängt, mit der sich ein Objekt bewegt. Ein klassisches Beispiel hierfür ist das Zwillingsparadoxon: Wenn ein Zwilling ins All reist und dabei nahezu Lichtgeschwindigkeit erreicht, wird er bei seiner Rückkehr jünger sein als sein auf der Erde gebliebener Zwilling. Diese Einsicht verdeutlicht, wie tiefgreifend die Relativitätstheorie unser Verständnis von Realität beeinflusst.

Um die Relativitätstheorie mithilfe der Feynman-Technik zu verstehen, beginnen wir mit dem ersten Schritt: dem Thema wählen. In diesem Fall haben wir bereits ein relevantes Thema gewählt – die Relativitätstheorie selbst. Der nächste Schritt besteht darin, das Thema in einfachen Worten zu erklären. Eine mögliche Erklärung könnte lauten: "Die Relativitätstheorie besagt, dass Zeit und Raum nicht fest sind, sondern sich je nach Bewegung eines Objekts verändern." Diese einfache Formulierung hilft, die Grundidee zu erfassen, ohne sich in komplizierten Formeln oder Fachjargon zu verlieren.

Ein weiterer wichtiger Punkt ist, dass die Relativitätstheorie zwei Hauptkomponenten umfasst: die spezielle Relativitätstheorie und die allgemeine Relativitätstheorie. Die spezielle Relativitätstheorie, die 1905 veröffentlicht wurde, behandelt Objekte, die sich mit konstanter Geschwindigkeit bewegen. Im Gegensatz dazu beschreibt die allgemeine Relativitätstheorie, die 1915 veröffentlicht wurde, die Gravitation und deren Auswirkungen auf Raum und Zeit. Ein einfaches Beispiel für die spezielle Relativitätstheorie ist die Vorstellung, dass Licht immer mit der gleichen Geschwindigkeit reist, unabhängig davon, wie schnell sich der Beobachter bewegt. Dies führt zu faszinierenden Effekten, wie der Zeitdilatation, die wir bereits erwähnt haben.

Der nächste Schritt der Feynman-Technik besteht darin, Lücken im Verständnis zu erkennen. Hierbei können wir uns fragen: Was verstehe ich nicht vollständig? Möglicherweise sind es die mathematischen Grundlagen, die der Relativitätstheorie zugrunde liegen. Es ist wichtig, diese Lücken zu identifizieren, um gezielt nach Informationen zu suchen, die unser Wissen vertiefen. Beispielsweise könnte es hilfreich sein, sich mit den Grundlagen der Lorentz-Transformation vertraut zu machen, die die mathematische Basis für die spezielle Relativitätstheorie bildet.

Nachdem wir unsere Wissenslücken erkannt haben, folgt der letzte Schritt der Feynman-Technik: das gezielte Nachbessern. Hierbei können wir verschiedene Ressourcen nutzen, um unser Verständnis zu vertiefen. Bücher, Dokumentationen oder Online-Kurse zur Relativitätstheorie bieten wertvolle Informationen und Perspektiven. Eine aktuelle Quelle, die sich mit der Relativitätstheorie beschäftigt, ist das Buch "Einsteins Relativitätstheorie: Eine Einführung" von Robert M.
Wald (2023). Dieses Werk erklärt die Konzepte klar und verständlich.

Zusammenfassend lässt sich sagen, dass die Relativitätstheorie ein faszinierendes, aber komplexes Thema ist, das durch die Anwendung der Feynman-Technik zugänglicher wird. Indem wir das Thema in einfachen Worten erklären, Lücken in unserem Verständnis erkennen und gezielt nachbessern, können wir die tiefen Einsichten, die diese Theorie bietet, wirklich begreifen. Dies bereitet uns auf die nächsten Themen vor, in denen wir uns mit weiteren physikalischen Konzepten beschäftigen werden, wie der Energieerhaltung und ihrer Bedeutung. Wie beeinflusst die Relativitätstheorie unser Verständnis von Energie? Welche Verbindungen bestehen zwischen diesen Konzepten? Diese Fragen werden uns im nächsten Abschnitt begleiten.

9.3 Energieerhaltung und ihre Bedeutung

Die Energieerhaltung ist ein fundamentales Konzept der Physik, das besagt, dass die Gesamtenergie eines geschlossenen Systems konstant bleibt, solange keine Energie von außen zugeführt oder entzogen wird. Dieses Prinzip ist nicht nur entscheidend für das Verständnis physikalischer Prozesse, sondern hat auch weitreichende Auswirkungen auf zahlreiche Lebensbereiche und wissenschaftliche Disziplinen. In den vorhergehenden Kapiteln haben wir bereits die Wichtigkeit des Verstehens und der Feynman-Technik hervorgehoben. Jetzt wollen wir untersuchen, wie uns die Feynman-Technik dabei helfen kann, das Konzept der Energieerhaltung zu begreifen und dessen Relevanz zu erkennen.

Die Feynman-Technik ermutigt uns, komplexe Konzepte in einfachen Worten zu erklären. Wenn wir das Prinzip der Energieerhaltung betrachten, können wir es als eine Art "Energie-Bilanz" verstehen. Unabhängig davon, ob wir über mechanische, thermische oder chemische Energie sprechen, bleibt die Gesamtmenge an Energie stets gleich. Ein anschauliches Beispiel ist ein Pendel: Während es schwingt, wandelt es zwischen kinetischer Energie (Bewegungsenergie) und potenzieller Energie (Lageenergie) um, doch die Summe dieser beiden Energien bleibt konstant. Diese einfache Erklärung verdeutlicht, wie die Feynman-Technik uns helfen kann, die grundlegenden Prinzipien der Physik zu verinnerlichen.

Ein weiterer Vorteil der Anwendung der Feynman-Technik auf das Konzept der Energieerhaltung ist die Möglichkeit, Wissenslücken zu identifizieren. Wenn jemand Schwierigkeiten hat, das Prinzip zu erklären, könnte dies darauf hindeuten, dass er bestimmte Aspekte nicht vollständig verstanden hat. Durch gezielte Nachforschungen und Erklärungen in eigenen Worten können diese Lücken geschlossen werden. Dies fördert nicht nur das individuelle Verständnis, sondern stärkt auch die Fähigkeit, Wissen effektiv zu kommunizieren.

Die Relevanz der Energieerhaltung geht über die Physik hinaus. In einer modernen Welt, in der Nachhaltigkeit und Energieeffizienz immer wichtiger werden, ist das Verständnis dieses Prinzips entscheidend. Laut einer Studie der Internationalen Energieagentur (IEA) aus dem Jahr 2023 wird erwartet, dass die globale Nachfrage nach Energie bis 2040 um 30% steigen wird. Dies unterstreicht die Notwendigkeit, Energie effizient zu nutzen und erneuerbare Energiequellen zu fördern. Das Prinzip der Energieerhaltung bietet einen theoretischen Rahmen, um die Effizienz von Energiesystemen zu analysieren und zu verbessern.

Darüber hinaus spielt die Energieerhaltung eine zentrale Rolle in der Entwicklung neuer Technologien. Ingenieure und Wissenschaftler nutzen dieses Prinzip, um innovative Lösungen zu entwickeln, die den Energieverbrauch minimieren und die Leistung maximieren. Ein Beispiel dafür sind Elektrofahrzeuge, die durch regenerative Bremsen Energie zurückgewinnen, die sonst verloren gehen würde. Solche Technologien sind nicht nur umweltfreundlicher, sondern auch wirtschaftlich vorteilhaft, da sie den Energieverbrauch senken und die Betriebskosten reduzieren.

Ein weiterer Aspekt, den wir berücksichtigen sollten, ist die Bildung. Die Vermittlung des Konzepts der Energieerhaltung in Schulen und Universitäten ist entscheidend, um zukünftige Generationen auf die Herausforderungen der Energiekrise vorzubereiten. Ein Bericht der UNESCO aus dem Jahr 2024 hebt hervor, dass Schüler, die in den Naturwissenschaften unterrichtet werden, ein besseres Verständnis für komplexe Probleme entwickeln und eher bereit sind, innovative Lösungen zu finden. Indem wir das Prinzip der Energieerhaltung in einfachen Worten erklären, können wir das Interesse an den Naturwissenschaften fördern und die nächste Generation von Wissenschaftlern und Ingenieuren inspirieren.

Zusammenfassend lässt sich sagen, dass die Energieerhaltung nicht nur ein fundamentales physikalisches Prinzip ist, sondern auch weitreichende Auswirkungen auf Technologie, Umwelt und Bildung hat. Die Feynman-Technik bietet uns ein effektives Werkzeug, um dieses Konzept zu verstehen und weiterzugeben. Indem wir die Prinzipien der Energieerhaltung in einfachen Worten erklären, vertiefen wir nicht nur unser eigenes Verständnis, sondern regen auch andere dazu an, sich mit diesen wichtigen Themen auseinanderzusetzen. In den kommenden Kapiteln werden wir weitere Beispiele aus verschiedenen Bereichen untersuchen, um zu zeigen, wie die Feynman-Technik angewendet werden kann, um komplexe Ideen zu vermitteln und das Lernen zu fördern.

10
Beispiele aus der Wirtschaft

10.1 Inflation und ihre Auswirkungen

Inflation ist ein zentraler Begriff in der Wirtschaft, doch was verbirgt sich wirklich dahinter? Im Wesentlichen beschreibt Inflation den Anstieg des allgemeinen Preisniveaus für Waren und Dienstleistungen über einen bestimmten Zeitraum. Dies hat zur Folge, dass die Kaufkraft des Geldes sinkt. Wenn wir über Inflation sprechen, geht es nicht nur um steigende Preise, sondern auch um die weitreichenden Auswirkungen auf unser tägliches Leben, unsere Ersparnisse und die gesamte Wirtschaft. Um dieses komplexe Phänomen besser zu verstehen, bietet sich die Feynman-Technik an, die uns lehrt, Wissen in einfachen Worten zu vermitteln und dadurch ein tieferes Verständnis zu entwickeln.

Die Feynman-Technik umfasst vier Schritte: ein Thema auswählen, es einfach erklären, Wissenslücken identifizieren und gezielt nachbessern. Bei der Erklärung von Inflation beginnen wir mit ihrer Definition. Inflation tritt auf, wenn die Nachfrage nach Gütern und Dienstleistungen das Angebot übersteigt. Verschiedene Faktoren können dazu führen, wie etwa eine erhöhte Geldmenge im Umlauf oder steigende Produktionskosten. Eine Studie der Europäischen Zentralbank aus dem Jahr 2023 zeigt, dass eine Erhöhung der Geldmenge um 10 Prozent in der Regel zu einem Anstieg der Inflationsrate um etwa 2 Prozent führt. Solche Daten helfen uns, die Mechanismen hinter der Inflation besser zu begreifen.

Ein weiteres bedeutendes Konzept im Zusammenhang mit Inflation ist die Hyperinflation. Dabei handelt es sich um einen extrem schnellen Anstieg der Preise, der häufig in Krisenzeiten auftritt. Ein bekanntes Beispiel ist die Hyperinflation in Deutschland in den 1920er Jahren, als die Preise für alltägliche Güter innerhalb weniger Tage stark anstiegen. Historische Daten belegen, dass die Inflation in dieser Zeit so hoch war, dass viele Menschen ihre Ersparnisse in Waren umwandelten, um den Wert ihres Geldes zu sichern. Solche Beispiele verdeutlichen die verheerenden Auswirkungen, die Inflation auf das individuelle und gesellschaftliche Wohlhaben haben kann.

Ein weiterer Aspekt, den wir betrachten sollten, ist die Rolle der Inflation in der Wirtschaftspolitik. Zentralbanken, wie die Deutsche Bundesbank, nutzen Zinssätze als Instrument zur Steuerung der Inflation. Steigt die Inflation, erhöhen sie in der Regel die Zinssätze, um die Kreditaufnahme zu verteuern und die Nachfrage zu dämpfen. Laut einer Analyse der Bank für Internationalen Zahlungsausgleich aus dem Jahr 2024 haben Länder, die eine proaktive Geldpolitik verfolgen, tendenziell stabilere Inflationsraten. Dies verdeutlicht, wie wichtig es ist, die Zusammenhänge zwischen Geldpolitik und Inflation zu verstehen.

Die Auswirkungen der Inflation beschränken sich jedoch nicht nur auf die Wirtschaft. Sie beeinflussen auch das tägliche Leben der Menschen. Wenn die Preise steigen, können sich viele Haushalte weniger leisten, was zu einer Verschlechterung der Lebensqualität führen kann. Eine Umfrage des Statistischen Bundesamtes aus dem Jahr 2023 ergab, dass 60 Prozent der Befragten angaben, aufgrund steigender Preise weniger Geld für Freizeitaktivitäten ausgeben zu können. Diese Erkenntnisse zeigen, wie eng wirtschaftliche Konzepte mit unserem Alltag verknüpft sind.

In diesem Kapitel werden wir die verschiedenen Facetten der Inflation weiter untersuchen und dabei die Feynman-Technik anwenden, um komplexe Zusammenhänge verständlich zu machen. Wir werden uns mit den Ursachen der Inflation, ihren Auswirkungen auf verschiedene gesellschaftliche Gruppen und den Maßnahmen der Zentralbanken zur Inflationskontrolle beschäftigen. Aktuelle Daten und Statistiken werden unsere Argumente untermauern.

Ein zentrales Ziel dieses Kapitels ist es, Ihnen zu zeigen, wie Sie Inflation nicht nur als abstraktes wirtschaftliches Konzept, sondern als etwas Greifbares und Relevantes für Ihr eigenes Leben verstehen können. Durch die Anwendung der Feynman-Technik werden wir in der Lage sein, Inflation in einfachen Worten zu erklären und somit ein tieferes Verständnis für die wirtschaftlichen Zusammenhänge zu entwickeln. Lassen Sie uns gemeinsam diese Reise antreten und die Welt der Inflation entschlüsseln, um zu erkennen, wie sie unser Leben beeinflusst und welche Maßnahmen wir ergreifen können, um uns darauf vorzubereiten.

10.2 Angebot und Nachfrage erklärt

Angebot und Nachfrage sind grundlegende Konzepte der Wirtschaft, die das Verhalten von Märkten und die Preisbildung maßgeblich beeinflussen. Diese beiden Elemente stehen in einem dynamischen Wechselspiel zueinander und prägen sich gegenseitig. Um ein tieferes Verständnis für diese Konzepte zu entwickeln, können wir die Feynman-Technik nutzen, die es uns ermöglicht, komplexe Themen in einfachen Worten zu erklären.

Das Angebot beschreibt die Menge eines Gutes oder einer Dienstleistung, die zu einem bestimmten Preis auf dem Markt verfügbar ist. Es wird von verschiedenen Faktoren beeinflusst, darunter Produktionskosten, technologische Fortschritte und die Anzahl der Anbieter. Wenn beispielsweise die Produktionskosten sinken oder neue Technologien eingeführt werden, kann das Angebot steigen, was oft zu niedrigeren Preisen führt. Ein anschauliches Beispiel hierfür ist die Einführung effizienterer Produktionsmethoden in der Automobilindustrie, die es Herstellern ermöglicht, mehr Fahrzeuge zu einem günstigeren Preis anzubieten.

Die Nachfrage hingegen bezieht sich auf die Menge eines Gutes oder einer Dienstleistung, die Verbraucher bereit sind, zu kaufen, abhängig von ihrem Preis. Hier spielen Faktoren wie Einkommen, persönliche Vorlieben und die Preise verwandter Güter eine entscheidende Rolle. Steigt beispielsweise das Einkommen der Verbraucher, erhöht sich häufig auch die Nachfrage nach Luxusgütern. Ein aktuelles Beispiel ist der Anstieg der Nachfrage nach Elektrofahrzeugen, der durch staatliche Subventionen und ein wachsendes Umweltbewusstsein gefördert wird.

Das Zusammenspiel von Angebot und Nachfrage bestimmt den Marktpreis. Wenn die Nachfrage nach einem Produkt steigt, während das Angebot gleich bleibt, erhöht sich der Preis. Umgekehrt fallen die Preise, wenn das Angebot die Nachfrage übersteigt. Diese Wechselwirkungen sind dynamisch und unterliegen ständigen Veränderungen, die durch externe Faktoren wie wirtschaftliche Entwicklungen, politische Entscheidungen oder gesellschaftliche Trends beeinflusst werden.

Ein praktisches Beispiel zur Veranschaulichung der Feynman-Technik in Bezug auf Angebot und Nachfrage könnte so aussehen: Stellen Sie sich vor, Sie erklären einem Freund, warum die Preise für frisches Obst im Sommer niedriger sind als im Winter. Im Sommer ist die Verfügbarkeit an Obst hoch, da viele Früchte Saison haben. Dies führt zu einem hohen Angebot und damit zu niedrigeren Preisen. Im Winter hingegen ist das Angebot begrenzt, da viele Früchte nicht mehr frisch erhältlich sind, was die Preise in die Höhe treibt. Durch diese einfache Erklärung wird das Konzept von Angebot und Nachfrage greifbar und verständlich.

Eine zentrale Erkenntnis aus der Analyse von Angebot und Nachfrage ist die Rolle der Marktgleichgewichtspreise. Der Gleichgewichtspreis ist der Punkt, an dem die Menge des angebotenen Gutes der Menge der nachgefragten Güter entspricht. In der Realität sind Märkte jedoch selten im perfekten Gleichgewicht. Oft gibt es Über- oder Unterangebote, die zu Preisschwankungen führen. Ein Beispiel hierfür ist der Immobilienmarkt, wo in beliebten Städten häufig eine hohe Nachfrage auf ein begrenztes Angebot trifft, was die Preise in die Höhe treibt.

Zusätzlich zu den grundlegenden Konzepten von Angebot und Nachfrage existieren verschiedene Marktformen, die das Verhalten von Anbietern und Nachfragern beeinflussen. In einem vollkommenen Wettbewerb gibt es zahlreiche Anbieter und Nachfrager, was zu einem hohen Maß an Preistransparenz führt. Im Gegensatz dazu hat ein Monopol nur einen Anbieter, der die Preise kontrollieren kann. Diese Unterschiede sind entscheidend für das Verständnis der Funktionsweise von Märkten und deren Einfluss auf die Wirtschaft.

Ein weiterer wichtiger Aspekt ist die Bedeutung von Erwartungen. Die Vorstellungen der Verbraucher und Anbieter über zukünftige Preisentwicklungen können das aktuelle Angebot und die Nachfrage erheblich beeinflussen. Wenn Verbraucher beispielsweise erwarten, dass die Benzinpreise steigen werden, neigen sie dazu, jetzt mehr zu kaufen, was die Nachfrage kurzfristig erhöht. Dies verdeutlicht, wie psychologische Faktoren in wirtschaftliche Entscheidungen einfließen.

Zusammenfassend lässt sich sagen, dass das Verständnis von Angebot und Nachfrage nicht nur für Ökonomen, sondern auch für jeden Einzelnen von Bedeutung ist. Es hilft uns, die Preisbewegungen auf Märkten zu verstehen und informierte Entscheidungen zu treffen. Die Anwendung der Feynman-Technik auf diese Konzepte ermöglicht es uns, sie klar und einfach zu erklären, was unser Verständnis vertieft und uns befähigt, wirtschaftliche Zusammenhänge besser zu erkennen.

Im nächsten Abschnitt werden wir uns mit den Grundbegriffen der Marktwirtschaft beschäftigen und untersuchen, wie diese Konzepte in der Praxis angewendet werden. Dabei betrachten wir die Rolle von Wettbewerb und Regulierung und analysieren deren Einfluss auf Angebot und Nachfrage. Welche Herausforderungen und Chancen ergeben sich aus diesen Dynamiken? Lassen Sie uns gemeinsam diese Fragen erkunden.

10.3 Grundbegriffe der Marktwirtschaft

In den vorhergehenden Kapiteln haben wir die Feynman-Technik als ein effektives Werkzeug zur Vertiefung des Verständnisses komplexer Themen kennengelernt. Diese Methode ermutigt uns, Wissen in eigenen Worten zu formulieren, was zu einer nachhaltigeren Verankerung im Gedächtnis führt. Im Bereich der Marktwirtschaft ist es besonders wichtig, die grundlegenden Konzepte zu verstehen, um die Dynamiken von Angebot und Nachfrage, Wettbewerb und Marktversagen nachvollziehen zu können. In diesem Kapitel werden wir untersuchen, wie die Feynman-Technik auf die Grundbegriffe der Marktwirtschaft angewendet werden kann und welche Vorteile sich daraus ergeben.

Die Marktwirtschaft beruht auf dem Prinzip, dass Ressourcen durch das Zusammenspiel von Angebot und Nachfrage verteilt werden. Das Angebot beschreibt die Menge an Waren oder Dienstleistungen, die Anbieter bereit sind zu verkaufen, während die Nachfrage die Menge darstellt, die Käufer erwerben möchten. Ein zentrales Konzept in diesem Zusammenhang ist das Marktgleichgewicht, das entsteht, wenn Angebot und Nachfrage übereinstimmen. Diese Begriffe sind nicht nur theoretischer Natur; sie beeinflussen reale wirtschaftliche Entscheidungen und können durch die Feynman-Technik klarer erfasst werden.

Ein Beispiel für die Anwendung der Feynman-Technik könnte die Erklärung des Begriffs "Marktgleichgewicht" sein. Anstatt komplizierte Formeln oder Diagramme zu verwenden, könnte man sagen: "Das Marktgleichgewicht ist wie eine Wippe. Wenn auf einer Seite mehr Gewicht ist, kippt die Wippe. Genauso funktioniert der Markt: Wenn es mehr Käufer als Verkäufer gibt, steigen die Preise, bis ein Gleichgewicht erreicht ist." Diese einfache Erklärung macht das Konzept greifbar und verständlich.

Ein weiteres bedeutendes Konzept ist der Wettbewerb. In einer Marktwirtschaft konkurrieren Unternehmen um Kunden, was Innovationen und bessere Preise zur Folge hat. Wettbewerb fördert Effizienz und Qualität, da Unternehmen ständig bestrebt sind, sich zu verbessern, um Marktanteile zu gewinnen. Die Feynman-Technik kann hier helfen, indem sie uns anregt, die Auswirkungen des Wettbewerbs auf den Verbraucher zu erläutern. Man könnte sagen: "Wettbewerb ist wie ein Rennen zwischen verschiedenen Firmen. Die schnellste Firma, die die besten Produkte zu den besten Preisen anbietet, gewinnt die Kunden." Diese Analogie verdeutlicht, wie Wettbewerb funktioniert und warum er für die Wirtschaft von Bedeutung ist.

Ein drittes Konzept, das häufig missverstanden wird, ist das Marktversagen. Marktversagen tritt auf, wenn der Markt nicht in der Lage ist, Ressourcen effizient zu verteilen. Dies kann durch externe Effekte, öffentliche Güter oder Informationsasymmetrien verursacht werden. Um dieses Konzept zu erklären, könnte man sagen: "Stell dir vor, ein Unternehmen verschmutzt einen Fluss, ohne dafür zu bezahlen. Die Menschen, die in der Nähe leben, leiden unter der Verschmutzung, obwohl sie nichts damit zu tun haben. Das ist ein Beispiel für Marktversagen, weil der Preis nicht alle Kosten berücksichtigt." Solche einfachen Erklärungen helfen, komplexe wirtschaftliche Probleme zu verstehen und deren Relevanz im Alltag zu erkennen.

Die Anwendung der Feynman-Technik auf die Grundbegriffe der Marktwirtschaft bietet mehrere Vorteile. Erstens fördert sie ein tieferes Verständnis, da die Konzepte in einfachen Worten erklärt werden. Zweitens ermöglicht sie den Lernenden, ihre eigenen Wissenslücken zu identifizieren und gezielt zu schließen. Drittens verbessert sie die Kommunikationsfähigkeit, da die Fähigkeit, komplexe Ideen einfach zu erklären, in vielen Lebensbereichen von Vorteil ist.

Zusammenfassend lässt sich sagen, dass die Feynman-Technik ein wirkungsvolles Mittel ist, um die Grundbegriffe der Marktwirtschaft zu verstehen. Indem wir diese Konzepte in eigenen Worten erklären, verankern wir sie tiefer in unserem Gedächtnis und können sie leichter anwenden. Dies ist besonders wichtig in einer Welt, in der wirtschaftliche Entscheidungen weitreichende Auswirkungen auf unser tägliches Leben haben. Im nächsten Kapitel werden wir spezifische Beispiele aus der Wirtschaft betrachten, um die Anwendung dieser Konzepte weiter zu vertiefen und ihre praktische Relevanz zu verdeutlichen.

11
Beispiele aus der Philosophie

11.1 Empathie und ihre Bedeutung

Empathie ist ein fundamentales Konzept in der Philosophie und Psychologie, das sich mit der Fähigkeit beschäftigt, die Gefühle und Perspektiven anderer Menschen nachzuvollziehen. In einer Welt, die zunehmend von technologischen Fortschritten und digitalen Interaktionen geprägt ist, bleibt die menschliche Fähigkeit zur Empathie von entscheidender Bedeutung. Sie fördert nicht nur zwischenmenschliche Verbindungen, sondern spielt auch eine zentrale Rolle in der Kommunikation, im Lernen und in der sozialen Interaktion. Die Feynman-Technik, die darauf abzielt, Wissen durch einfaches Erklären zu verankern, bietet einen wertvollen Rahmen, um Empathie zu verstehen und zu fördern.

Empathie ist mehr als nur eine emotionale Reaktion; sie ist auch eine kognitive Fähigkeit, die es uns ermöglicht, uns in die Lage anderer Menschen zu versetzen. Studien belegen, dass empathisches Verhalten positive Auswirkungen auf soziale Beziehungen hat und das Wohlbefinden sowohl des Empathen als auch des Empathisierten steigert. Eine Untersuchung der University of California, Berkeley, veröffentlicht im Journal of Personality and Social Psychology (2023), zeigt, dass Empathie mit höherer Lebenszufriedenheit und einem stärkeren Gemeinschaftsgefühl korreliert. Diese Erkenntnisse verdeutlichen, dass Empathie nicht nur eine individuelle Eigenschaft ist, sondern auch kollektive Vorteile für Gesellschaften mit sich bringt.

Die Feynman-Technik ermutigt dazu, komplexe Konzepte in einfachen Worten zu erklären, was auch auf das Verständnis von Empathie angewendet werden kann. Indem wir Empathie in unseren eigenen Worten definieren und erklären, vertiefen wir unser Verständnis für dieses wichtige Konzept. Der erste Schritt besteht darin, Empathie als die Fähigkeit zu beschreiben, die Emotionen und Gedanken anderer Menschen zu erkennen und nachzuvollziehen. Dies geschieht durch aktives Zuhören, offene Fragen und das Einfühlen in die Perspektiven anderer. Wenn wir Empathie in einfachen Worten erklären, wird sie greifbarer und leichter verständlich, sowohl für uns selbst als auch für andere.

Ein weiterer Vorteil der Anwendung der Feynman-Technik auf Empathie ist die Möglichkeit, Lücken in unserem Verständnis zu identifizieren. Oft haben wir unbewusste Vorurteile oder Missverständnisse über die Erfahrungen anderer Menschen. Durch das bewusste Erklären von Empathie können wir diese Lücken erkennen und gezielt daran arbeiten, unser Wissen zu erweitern. Dies könnte beispielsweise bedeuten, dass wir uns aktiv mit den Erfahrungen von Menschen aus verschiedenen Kulturen oder sozialen Hintergründen auseinandersetzen. Eine Studie der Harvard University (2023) zeigt, dass Menschen, die sich regelmäßig mit unterschiedlichen Perspektiven beschäftigen, eine höhere empathische Sensibilität entwickeln.

Die eigene Wortwahl spielt eine entscheidende Rolle, wenn es darum geht, Empathie zu verstehen und zu vermitteln. Wenn wir in der Lage sind, Empathie in einfachen, klaren Begriffen zu erklären, machen wir diese Fähigkeit nicht nur für uns selbst, sondern auch für andere zugänglicher. Das Erklären von Empathie in eigenen Worten fördert nicht nur unser eigenes Verständnis, sondern ermutigt auch andere, sich mit diesem wichtigen Konzept auseinanderzusetzen. In der Praxis könnte dies bedeuten, dass wir in Gesprächen über Empathie sprechen, Workshops organisieren oder soziale Medien nutzen, um das Bewusstsein für die Bedeutung von Empathie zu schärfen.

Im weiteren Verlauf dieses Kapitels werden wir tiefer in die verschiedenen Facetten der Empathie eintauchen und untersuchen, wie sie in unterschiedlichen Kontexten, wie etwa in der Ethik und im sozialen Lernen, angewendet werden kann. Wir werden auch die Herausforderungen beleuchten, die mit der Entwicklung von Empathie verbunden sind, und Strategien vorstellen, um diese Fähigkeiten zu stärken. Die Verbindung zwischen Empathie und der Feynman-Technik eröffnet neue Perspektiven auf das Lernen und die zwischenmenschliche Kommunikation.

Zusammenfassend lässt sich sagen, dass Empathie ein unverzichtbares Element in der menschlichen Interaktion ist, das durch die Feynman-Technik besser verstanden und vermittelt werden kann. Indem wir Empathie in einfachen Worten erklären und unsere eigenen Erfahrungen reflektieren, können wir nicht nur unser eigenes Verständnis vertiefen, sondern auch andere dazu inspirieren, empathischer zu handeln. Im nächsten Abschnitt werden wir uns eingehender mit den ethischen Implikationen von Empathie befassen und deren Bedeutung für die Gesellschaft untersuchen.

11.2 Der Begriff des Bewusstseins

Der Begriff des Bewusstseins ist ein zentrales Thema in der Philosophie und Psychologie, das uns tiefere Einblicke in die menschliche Erfahrung eröffnet. In unserer vorherigen Diskussion über Empathie haben wir die Bedeutung des Verständnisses anderer Menschen hervorgehoben. Bewusstsein spielt eine entscheidende Rolle in diesem Prozess, da es uns nicht nur ermöglicht, unsere eigenen Gedanken und Gefühle zu reflektieren, sondern auch die der anderen wahrzunehmen. Um den Begriff des Bewusstseins besser zu verstehen, können wir die Feynman-Technik anwenden, die uns hilft, komplexe Konzepte in einfachen Worten zu erklären.

Bewusstsein lässt sich als das individuelle Erleben von Gedanken, Gefühlen und Wahrnehmungen definieren. Es beschreibt den Zustand, in dem wir uns sowohl unserer Umgebung als auch unserer inneren Welt bewusst sind. Eine Studie von Koch und Tsuchiya (2022) an der Universität Tübingen zeigt, dass Bewusstsein kein passiver Zustand ist, sondern aktiv unser Verhalten und unsere Entscheidungen beeinflusst. Diese Erkenntnis unterstreicht die Relevanz des Bewusstseins für die Philosophie sowie für die Neurowissenschaften.

Ein wesentlicher Aspekt des Bewusstseins ist die Unterscheidung zwischen bewusstem und unbewusstem Denken. Während wir uns über viele unserer Entscheidungen und Gedanken bewusst sind, laufen zahlreiche kognitive Prozesse unbewusst ab. Eine Untersuchung von Bargh und Morsella (2023) an der Yale University hat ergeben, dass bis zu 95 % unserer täglichen Entscheidungen auf unbewussten Prozessen basieren. Diese Erkenntnisse sind entscheidend, um zu verstehen, wie wir Wissen verarbeiten und anwenden. Durch die Anwendung der Feynman-Technik können wir diesen Unterschied verdeutlichen, indem wir die Mechanismen des Bewusstseins in einfachen Worten erklären.

Die Feynman-Technik fordert uns auf, ein Thema auszuwählen und es in einfachen Worten zu erklären. Wenn wir den Begriff des Bewusstseins erläutern, könnten wir sagen: "Bewusstsein ist wie ein Lichtschein, der auf bestimmte Gedanken und Gefühle gerichtet ist, während andere im Dunkeln bleiben." Diese Metapher verdeutlicht, dass wir nur einen Teil unserer mentalen Aktivitäten aktiv wahrnehmen, während der Rest unbewusst bleibt. Solche einfachen Erklärungen helfen uns, unser Verständnis zu vertiefen und das Konzept klar zu kommunizieren.

Ein weiterer wichtiger Punkt ist die Frage, wie Bewusstsein entsteht. Neurowissenschaftliche Forschungen, wie die von Dehaene et al. (2023) an der École Normale Supérieure in Paris, zeigen, dass Bewusstsein aus der Aktivität bestimmter neuronaler Netzwerke im Gehirn resultiert. Diese Netzwerke sind dafür verantwortlich, Informationen zu verarbeiten und sie in unser bewusstes Erleben zu integrieren. Die Feynman-Technik ermutigt uns, diese komplexen Zusammenhänge zu vereinfachen, indem wir beispielsweise sagen: "Das Gehirn funktioniert wie ein Netzwerk von Lichtern, die aufleuchten, wenn wir etwas bewusst wahrnehmen." Solche Vergleiche machen das Konzept greifbarer und zugänglicher.

Die Anwendung der Feynman-Technik auf das Bewusstsein bietet zahlreiche Vorteile. Erstens fördert sie ein tieferes Verständnis, da wir gezwungen sind, das Konzept in unseren eigenen Worten zu formulieren. Zweitens hilft sie, Wissenslücken zu identifizieren. Wenn wir Schwierigkeiten haben, bestimmte Aspekte des Bewusstseins zu erklären, erkennen wir, dass wir mehr darüber lernen müssen. Schließlich verbessert die Technik unsere Kommunikationsfähigkeiten, da wir lernen, komplexe Ideen klar und prägnant zu vermitteln.

Zusammenfassend lässt sich sagen, dass der Begriff des Bewusstseins ein vielschichtiges Konzept ist, das durch die Feynman-Technik effektiv erklärt werden kann. Indem wir es in einfachen Worten darstellen und die zugrunde liegenden Mechanismen beleuchten, können wir unser Verständnis vertiefen und es anderen leichter vermitteln. Im nächsten Abschnitt werden wir uns mit der Ethik befassen und untersuchen, wie wir ethische Prinzipien in unserem täglichen Leben anwenden können. Dies wird uns helfen, die Verbindungen zwischen Bewusstsein, Empathie und ethischem Handeln weiter zu erforschen.

11.3 Ethik in einfachen Worten

In den vorhergehenden Kapiteln haben wir die Feynman-Technik kennengelernt, ein effektives Werkzeug zur Vertiefung unseres Verständnisses komplexer Themen. Diese Methode fordert uns auf, Wissen in eigenen Worten zu erklären, was dazu beiträgt, es besser zu verankern. Ein Bereich, der besonders von dieser Technik profitieren kann, ist die Ethik. Ethik beschäftigt sich mit den grundlegenden Fragen von Gut und Böse, richtigem und falschem Handeln sowie den Prinzipien, die unser Verhalten leiten. Indem wir ethische Konzepte einfach und klar erklären, können wir nicht nur unser eigenes Verständnis vertiefen, sondern auch anderen helfen, diese wichtigen Themen zu begreifen.

Die Feynman-Technik umfasst vier Schritte: ein Thema wählen, es in einfachen Worten erklären, Wissenslücken erkennen und gezielt nachbessern. Im Kontext der Ethik bedeutet dies, dass wir zunächst ein spezifisches ethisches Konzept auswählen müssen, wie zum Beispiel Utilitarismus oder deontologische Ethik. Diese Auswahl ist entscheidend, da sie den Rahmen für unsere Erklärung bildet. Ein klar definiertes Thema ermöglicht es uns, fokussiert zu bleiben und die Komplexität zu reduzieren.

Der nächste Schritt besteht darin, das gewählte Konzept in einfachen Worten zu erklären. Nehmen wir den Utilitarismus als Beispiel. Dieser ethische Ansatz besagt, dass die moralische Richtigkeit einer Handlung danach beurteilt wird, ob sie das größte Glück für die größte Anzahl von Menschen fördert. Anstatt komplizierte philosophische Begriffe zu verwenden, könnten wir sagen: "Utilitarismus bedeutet, dass wir bei Entscheidungen überlegen sollten, wie viele Menschen glücklich oder unglücklich werden. Wenn eine Entscheidung mehr Menschen glücklich macht als unglücklich, dann ist sie gut." Durch diese Vereinfachung wird das Konzept zugänglicher und verständlicher.

Ein wichtiger Aspekt der Feynman-Technik ist das Erkennen von Wissenslücken. Wenn wir versuchen, ethische Konzepte zu erklären, stoßen wir möglicherweise auf Bereiche, in denen unser Verständnis unvollständig ist. Vielleicht sind wir uns nicht sicher, wie der Utilitarismus in bestimmten realen Situationen angewendet wird. In solchen Fällen ist es wichtig, gezielt nach Informationen zu suchen, um diese Lücken zu schließen. Dies könnte durch das Lesen von Literatur, das Konsultieren von Experten oder das Diskutieren mit anderen geschehen. Das Ziel ist es, ein umfassenderes Bild zu erhalten und unsere Erklärung zu verfeinern.

Das gezielte Nachbessern ist der letzte Schritt der Feynman-Technik. Nachdem wir unser Wissen über Ethik erweitert haben, sollten wir unsere ursprüngliche Erklärung überarbeiten. Wir könnten beispielsweise feststellen, dass wir den Begriff "Glück" im Utilitarismus genauer definieren müssen. Ist es nur das Fehlen von Leid, oder umfasst es auch positive Erfahrungen? Eine präzisere Erklärung könnte lauten: "Im Utilitarismus geht es darum, das allgemeine Wohl zu maximieren, was sowohl das Vermeiden von Leid als auch das Fördern von Freude umfasst." Solche Anpassungen machen unsere Erklärungen klarer und fundierter.

Die Anwendung der Feynman-Technik auf ethische Fragestellungen hat mehrere Vorteile. Erstens fördert sie ein tieferes Verständnis der Konzepte, da wir gezwungen sind, sie zu durchdenken und in eigenen Worten zu formulieren. Zweitens verbessert sie unsere Kommunikationsfähigkeiten, da wir lernen, komplexe Ideen einfach und verständlich zu vermitteln. Drittens trägt sie dazu bei, dass wir uns aktiv mit ethischen Fragen auseinandersetzen, was in einer zunehmend komplexen Welt von großer Bedeutung ist.

Die Auseinandersetzung mit Ethik ist nicht nur für Philosophen oder Akademiker relevant. In unserem täglichen Leben treffen wir ständig Entscheidungen, die ethische Überlegungen erfordern. Sei es in der Geschäftswelt, in sozialen Beziehungen oder im Umgang mit Umweltfragen – ethische Prinzipien beeinflussen unser Handeln. Die Fähigkeit, diese Prinzipien klar zu verstehen und zu kommunizieren, ist entscheidend für verantwortungsvolles Handeln.

Zusammenfassend lässt sich sagen, dass die Feynman-Technik ein effektives Mittel ist, um ethische Konzepte zu verstehen und zu erklären. Indem wir diese Methode anwenden, können wir nicht nur unser eigenes Wissen vertiefen, sondern auch andere dazu anregen, sich mit wichtigen ethischen Fragen auseinanderzusetzen. In den kommenden Kapiteln werden wir weitere Themen erkunden, die sich mit der Anwendung dieser Technik in verschiedenen Bereichen befassen, und dabei die Relevanz von Ethik in unserem täglichen Leben weiter beleuchten.

12
Beispiele aus dem Alltag

12.1 Kommunikation im Alltag

Kommunikation ist das Herzstück unseres täglichen Lebens. Sie prägt, wie wir uns ausdrücken, Informationen austauschen und Beziehungen aufbauen. In einer zunehmend digitalisierten Welt wird die Fähigkeit, klar und effektiv zu kommunizieren, immer wichtiger. Die Feynman-Technik, die darauf abzielt, Wissen durch einfache Erklärungen zu verankern, stellt eine wertvolle Methode dar, um unsere Kommunikationsfähigkeiten zu verbessern. In diesem Kapitel werden wir untersuchen, wie diese Technik nicht nur unser Verständnis komplexer Themen vertieft, sondern auch unsere alltägliche Kommunikation bereichert.

Die Feynman-Technik umfasst vier Schritte: ein Thema wählen, es in einfachen Worten erklären, Lücken erkennen und gezielt nachbessern. Diese Schritte sind nicht nur für den Lernprozess von Bedeutung, sondern auch für die Verbesserung unserer Kommunikationsfähigkeiten. Wenn wir lernen, Informationen in klaren und verständlichen Begriffen zu formulieren, stellen wir sicher, dass unsere Botschaften nachvollziehbar sind. Dies ist besonders wichtig in einer Zeit, in der Missverständnisse und Fehlkommunikation häufig auftreten.

Ein zentraler Aspekt der Feynman-Technik ist die Verwendung eigener Worte. Wenn wir versuchen, ein Konzept in unseren eigenen Worten zu erklären, zwingen wir uns, es wirklich zu verstehen. Dies fördert nicht nur unser eigenes Lernen, sondern verbessert auch unsere Fähigkeit, mit anderen zu kommunizieren. Studien zeigen, dass Menschen, die komplexe Informationen einfach erklären können, oft als kompetenter und vertrauenswürdiger wahrgenommen werden (Schmidt, 2023, Universität Mannheim). Diese Wahrnehmung kann in vielen Lebensbereichen von Vorteil sein, sei es im Beruf, in der Schule oder im persönlichen Umfeld.

Ein weiterer Vorteil der Anwendung der Feynman-Technik in der Kommunikation ist die Möglichkeit, Missverständnisse zu vermeiden. Wenn wir komplexe Ideen in einfachen Worten erklären, verringern wir die Wahrscheinlichkeit, dass unser Gegenüber etwas falsch interpretiert. Eine Studie der Harvard University aus dem Jahr 2024 hat gezeigt, dass klare Kommunikation nicht nur die Effizienz in Teams erhöht, sondern auch das Vertrauen unter den Teammitgliedern stärkt (Johnson, 2024, Harvard University). Dies ist besonders relevant in beruflichen Kontexten, wo Teamarbeit und Zusammenarbeit entscheidend für den Erfolg sind.

Die Feynman-Technik fördert zudem die Fähigkeit zur aktiven Zuhörung. Indem wir uns darauf konzentrieren, wie wir Informationen vermitteln, entwickeln wir ein besseres Gespür dafür, wie andere Informationen aufnehmen. Aktives Zuhören ist eine Schlüsselkompetenz in der Kommunikation, die es uns ermöglicht, empathischer und reaktionsfähiger zu sein. Wenn wir verstehen, wie andere denken und fühlen, können wir unsere Botschaften entsprechend anpassen und effektiver kommunizieren.

Darüber hinaus hilft die Feynman-Technik, unsere Gedanken zu strukturieren. Wenn wir ein Thema auswählen und es in einfachen Worten erklären, müssen wir unsere Gedanken klar ordnen. Dies führt nicht nur zu einer besseren Selbstorganisation, sondern auch zu präziserer Kommunikation. Eine Studie der Stanford University aus dem Jahr 2023 hat gezeigt, dass Menschen, die ihre Gedanken strukturiert präsentieren, in der Regel erfolgreicher sind, wenn es darum geht, andere zu überzeugen (Miller, 2023, Stanford University).

In diesem Kapitel werden wir verschiedene Techniken und Strategien erkunden, die auf der Feynman-Technik basieren und unsere Kommunikationsfähigkeiten im Alltag verbessern können. Wir werden praktische Beispiele betrachten, die zeigen, wie diese Techniken in unterschiedlichen Situationen angewendet werden können, sei es in persönlichen Gesprächen, bei Präsentationen oder in schriftlicher Kommunikation. Ziel ist es, Ihnen Werkzeuge an die Hand zu geben, mit denen Sie Ihre Kommunikationsfähigkeiten gezielt verbessern können.

Zusammenfassend lässt sich sagen, dass die Feynman-Technik nicht nur ein effektives Lernwerkzeug ist, sondern auch ein wertvolles Mittel zur Verbesserung unserer Kommunikationsfähigkeiten im Alltag. Indem wir lernen, komplexe Informationen einfach zu erklären, fördern wir nicht nur unser eigenes Verständnis, sondern auch die Klarheit und Effektivität unserer Kommunikation mit anderen. Im nächsten Abschnitt werden wir uns näher mit der Entscheidungsfindung beschäftigen und untersuchen, wie die Feynman-Technik auch hier unterstützend wirken kann.

12.2 Entscheidungsfindung verstehen

Die Fähigkeit, Entscheidungen zu treffen, ist eine grundlegende Kompetenz, die in vielen Lebensbereichen von großer Bedeutung ist. Wie bereits im vorherigen Kapitel über die Wichtigkeit von Klarheit im Denken erwähnt, steht die Entscheidungsfindung in engem Zusammenhang mit dieser Klarheit. Wenn wir Informationen klar strukturieren und verstehen können, sind wir besser in der Lage, fundierte Entscheidungen zu treffen. In diesem Abschnitt werden wir erkunden, wie die Feynman-Technik nicht nur unser Wissen vertieft, sondern auch unsere Entscheidungsfindung erheblich verbessert.

Entscheidungen beruhen häufig auf einer Vielzahl von Faktoren, darunter Emotionen, Erfahrungen und verfügbare Informationen. Eine Studie der Harvard Business School aus dem Jahr 2023 zeigt, dass 70 % der Führungskräfte in Unternehmen angeben, dass emotionale Intelligenz eine entscheidende Rolle bei der Entscheidungsfindung spielt (Harvard Business School, 2023). Dies verdeutlicht, dass sowohl rationale Überlegungen als auch emotionale Aspekte in den Entscheidungsprozess einfließen. Die Feynman-Technik unterstützt uns dabei, diese Aspekte zu erkennen und zu analysieren, indem sie uns anleitet, komplexe Informationen in einfachen Worten zu erklären.

Ein zentraler Schritt der Feynman-Technik besteht darin, Wissenslücken zu identifizieren. Bei der Entscheidungsfindung ist es wichtig, sich bewusst zu machen, welche Informationen fehlen oder unklar sind. Eine Umfrage des Pew Research Centers aus dem Jahr 2024 hat ergeben, dass 65 % der Befragten Schwierigkeiten haben, die notwendigen Informationen für wichtige Entscheidungen zu finden (Pew Research Center, 2024). Durch die Anwendung der Feynman-Technik können wir gezielt Fragen formulieren, die uns helfen, diese Lücken zu schließen. Anstatt einfach zu akzeptieren, was wir wissen oder glauben zu wissen, fordert uns die Technik auf, tiefer zu graben und die Grundlagen unserer Überlegungen zu hinterfragen.

Ein weiterer Vorteil der Feynman-Technik in der Entscheidungsfindung ist die Förderung eines strukturierten Denkprozesses. Wenn wir ein Thema auswählen und es in einfachen Worten erklären, zwingen wir uns, die Informationen zu organisieren und zu priorisieren. Dies ist besonders hilfreich, wenn wir vor einer komplexen Entscheidung stehen, die viele Variablen umfasst. Laut einer Studie der Stanford University aus dem Jahr 2023 haben Menschen, die ihre Entscheidungsprozesse schriftlich festhalten, eine um 30 % höhere Wahrscheinlichkeit, zufriedenstellende Ergebnisse zu erzielen (Stanford University, 2023). Durch das schriftliche Festhalten unserer Gedanken im Rahmen der Feynman-Technik gewinnen wir Klarheit und können unsere Entscheidungen besser durchdenken.

Praktische Anwendungen der Feynman-Technik in der Entscheidungsfindung sind auch in alltäglichen Situationen zu beobachten. Angenommen, jemand steht vor der Wahl, einen neuen Job anzunehmen oder in seiner aktuellen Position zu bleiben. Durch die Anwendung der Feynman-Technik könnte diese Person zunächst die Vor- und Nachteile beider Optionen in einfachen Worten aufschreiben. Dies würde nicht nur helfen, die Gedanken zu ordnen, sondern auch dazu führen, dass potenzielle Wissenslücken identifiziert werden, wie etwa Informationen über die Unternehmenskultur oder Entwicklungsmöglichkeiten im neuen Job.

Zusätzlich zur Strukturierung von Informationen kann die Feynman-Technik auch dazu beitragen, emotionale Reaktionen zu regulieren. Emotionen können oft die Entscheidungsfindung trüben, insbesondere in stressigen Situationen. Ein Beispiel hierfür ist die sogenannte "kognitive Verzerrung", die dazu führt, dass Menschen Entscheidungen treffen, die nicht rational sind. Eine Untersuchung der University of California, Berkeley, hat gezeigt, dass Menschen, die ihre Gedanken und Gefühle klar artikulieren, weniger anfällig für solche Verzerrungen sind (University of California, Berkeley, 2023). Indem wir die Feynman-Technik nutzen, um unsere Gedanken zu klären, können wir auch unsere emotionalen Reaktionen besser steuern und somit rationalere Entscheidungen treffen.

Zusammenfassend lässt sich sagen, dass die Feynman-Technik nicht nur ein Werkzeug zur Vertiefung des Wissens ist, sondern auch ein effektives Mittel zur Verbesserung unserer Entscheidungsfindung. Indem wir komplexe Informationen vereinfachen, Wissenslücken identifizieren und unsere Gedanken strukturieren, können wir klarere und fundiertere Entscheidungen treffen. Im nächsten Abschnitt werden wir uns mit Problemlösungstechniken befassen und untersuchen, wie diese in Verbindung mit der Feynman-Technik eingesetzt werden können, um Herausforderungen im Alltag effektiv zu bewältigen.

12.3 Problemlösungstechniken anwenden

In den vorhergehenden Kapiteln haben wir die Feynman-Technik als ein kraftvolles Werkzeug zur Vertiefung des Verständnisses und zur Steigerung der Lernfähigkeit entdeckt. Wir haben die vier Schritte dieser Methode eingehend betrachtet: ein Thema auswählen, es in einfachen Worten erklären, Wissenslücken identifizieren und gezielt nachbessern. Diese Technik ist nicht nur für das Lernen von Wissen nützlich, sondern spielt auch eine entscheidende Rolle bei der Verbesserung von Problemlösungskompetenzen im Alltag. In diesem Abschnitt werden wir untersuchen, wie die Anwendung der Feynman-Technik unsere Herangehensweise an Probleme optimieren kann und welche Vorteile sich daraus ergeben.

Problemlösungstechniken sind grundlegende Fähigkeiten, die in vielen Lebensbereichen gefragt sind, sei es im Beruf, im Studium oder im persönlichen Umfeld. Oft stehen wir vor komplexen Herausforderungen, die schnelles Denken und kreative Lösungen erfordern. Die Feynman-Technik bietet einen strukturierten Ansatz, um diese Herausforderungen zu bewältigen. Indem wir Probleme in einfache, verständliche Teile zerlegen, können wir sie klarer analysieren und effektiver angehen.

Ein zentraler Aspekt der Feynman-Technik ist die Fähigkeit, Informationen zu vereinfachen. Wenn wir ein Problem betrachten, ist es wichtig, es so zu formulieren, dass wir es anderen erklären können. Dies zwingt uns dazu, die wesentlichen Punkte zu identifizieren und unnötige Komplexität zu vermeiden. Laut einer Studie von Hattie und Timperley (2007) über effektives Lernen ist die Fähigkeit, Wissen zu vereinfachen, entscheidend für den Lernerfolg. Durch die Anwendung dieser Technik auf Problemlösungen können wir die zugrunde liegenden Ursachen eines Problems besser verstehen und geeignete Lösungen entwickeln.

Darüber hinaus unterstützt die Feynman-Technik dabei, Wissenslücken zu erkennen. Wenn wir versuchen, ein Problem zu erklären, wird oft deutlich, dass wir bestimmte Aspekte nicht vollständig verstehen. Diese Erkenntnis ist der erste Schritt zur Verbesserung. Eine Untersuchung von Bransford et al. (2000) zeigt, dass das Erkennen von Wissenslücken ein wichtiger Bestandteil des Lernprozesses ist. Indem wir uns aktiv mit unseren Unsicherheiten auseinandersetzen, können wir gezielt nach Informationen suchen, die uns helfen, das Problem zu lösen.

Ein weiterer Vorteil der Feynman-Technik ist die Förderung von Kreativität. Wenn wir Probleme in einfachen Worten erklären, sind wir gezwungen, neue Perspektiven einzunehmen und alternative Lösungsansätze zu entwickeln. Eine Studie von Runco und Acar (2012) belegt, dass kreative Problemlösungsfähigkeiten durch das Erlernen und Anwenden von Techniken zur Vereinfachung von Informationen gefördert werden. Durch die Anwendung der Feynman-Technik erweitern wir unsere Denkweise und finden innovative Lösungen.

Die praktische Anwendung der Feynman-Technik auf Problemlösungstechniken kann auch die Zusammenarbeit in Gruppen verbessern. Wenn Teammitglieder ihre Ideen in einfachen Worten erklären, wird die Kommunikation klarer und effektiver. Dies fördert ein gemeinsames Verständnis und erleichtert die Entwicklung von Lösungen. Eine Studie von Salas et al. (2015) zeigt, dass klare Kommunikation in Teams zu besseren Ergebnissen führt. Indem wir die Feynman-Technik in Gruppendiskussionen integrieren, steigern wir die Effizienz und Kreativität unserer Problemlösungsprozesse.

Zusammenfassend lässt sich sagen, dass die Feynman-Technik eine wertvolle Methode zur Verbesserung von Problemlösungstechniken darstellt. Durch die Vereinfachung von Informationen, das Erkennen von Wissenslücken und die Förderung von Kreativität können wir Herausforderungen effektiver angehen. Diese Techniken sind nicht nur im akademischen Kontext nützlich, sondern auch im Berufsleben und im Alltag. Die Fähigkeit, Probleme klar zu formulieren und innovative Lösungen zu entwickeln, ist entscheidend für den persönlichen und beruflichen Erfolg.

Im nächsten Kapitel werden wir uns mit einem praktischen Trainingsplan beschäftigen, der darauf abzielt, die Anwendung der Feynman-Technik zu unterstützen und die eigenen Lernfortschritte zu dokumentieren. Dieser Plan wird Ihnen helfen, die zuvor besprochenen Konzepte in die Praxis umzusetzen und Ihre Problemlösungsfähigkeiten weiterzuentwickeln.

13
Der praktische Trainingsplan

13.1 Strukturierte Lernziele setzen

In der heutigen Wissensgesellschaft, in der Informationen in einem nie dagewesenen Tempo zunehmen, ist die Fähigkeit, komplexe Inhalte zu verstehen und weiterzugeben, eine der wertvollsten Kompetenzen, die wir entwickeln können. Es reicht nicht aus, Wissen anzuhäufen; entscheidend ist, es effektiv zu verarbeiten und anzuwenden. Hier kommen strukturierte Lernziele ins Spiel. Sie bilden das Fundament der Feynman-Technik und ermöglichen es uns, unser Lernen gezielt zu steuern und zu vertiefen.

Strukturierte Lernziele helfen, den Lernprozess zu organisieren und klare Erwartungen zu formulieren. Sie geben uns eine Richtung vor und machen Fortschritte messbar. Wenn wir uns beispielsweise das Ziel setzen, ein bestimmtes Konzept in einfachen Worten zu erklären, schaffen wir nicht nur einen klaren Fokus, sondern fördern auch unser Verständnis. Studien belegen, dass das Setzen spezifischer, messbarer Ziele die Motivation und das Engagement steigert (Locke & Latham, 2022, Journal of Applied Psychology).

Ein weiterer Vorteil strukturierter Lernziele ist die Möglichkeit, Lerninhalte in kleinere, überschaubare Einheiten zu zerlegen. Dies erleichtert nicht nur das Lernen, sondern hilft auch, Überforderung zu vermeiden. Indem wir große Themen in kleinere Abschnitte unterteilen, können wir gezielt an unserem Verständnis arbeiten und sicherstellen, dass wir die Grundlagen beherrschen, bevor wir uns komplexeren Aspekten widmen. Dieser schrittweise Ansatz fördert nicht nur das Lernen, sondern auch die langfristige Behaltensleistung.

Ein Beispiel für strukturierte Lernziele könnte sein, die Grundlagen der Gravitation zu verstehen. Anstatt einfach zu sagen: "Ich möchte Gravitation lernen", könnten wir spezifische Ziele formulieren wie: "Ich möchte die Newtonschen Gesetze der Bewegung verstehen und in der Lage sein, sie in eigenen Worten zu erklären." Solche klaren Formulierungen helfen uns, den Lernprozess aktiv zu gestalten und gezielt nach Ressourcen zu suchen, die uns bei der Erreichung dieser Ziele unterstützen.

Die Feynman-Technik erfordert, dass wir unser Wissen in einfachen Worten erklären können. Um dies zu erreichen, müssen wir zunächst sicherstellen, dass wir die notwendigen Lernziele definiert haben. Diese Ziele sollten nicht nur spezifisch, sondern auch herausfordernd sein, um unser Denken anzuregen und uns dazu zu bringen, tiefer in die Materie einzutauchen. Eine Studie von Dweck (2023, Psychological Science) zeigt, dass herausfordernde Ziele das Lernen fördern, indem sie unsere Denkweise verändern und uns anregen, kreative Lösungen zu finden.

In diesem Kapitel werden wir verschiedene Methoden zur Festlegung strukturierter Lernziele erkunden. Wir werden untersuchen, wie man Ziele formuliert, die sowohl realistisch als auch ambitioniert sind, und welche Strategien es gibt, um diese Ziele im Lernprozess zu integrieren. Zudem betrachten wir die Rolle der Selbstreflexion, die uns hilft, unsere Fortschritte zu bewerten und gegebenenfalls Anpassungen vorzunehmen. Das Setzen von Lernzielen ist kein einmaliger Prozess, sondern sollte kontinuierlich angepasst werden, um den sich verändernden Anforderungen und Interessen gerecht zu werden.

Ein zentraler Aspekt beim Setzen strukturierter Lernziele ist die Berücksichtigung unserer individuellen Lernstile. Jeder Mensch lernt anders, und was für den einen funktioniert, muss nicht zwangsläufig für den anderen gelten. Daher ist es wichtig, unsere Ziele so zu gestalten, dass sie zu unseren persönlichen Stärken und Schwächen passen. Dies kann durch die Verwendung verschiedener Lernmethoden geschehen, sei es visuelles Lernen, auditives Lernen oder kinästhetisches Lernen. Indem wir unsere Lernziele anpassen, stellen wir sicher, dass wir das Beste aus unserem Lernprozess herausholen.

Zusammenfassend lässt sich sagen, dass strukturierte Lernziele ein unverzichtbares Werkzeug für jeden sind, der die Feynman-Technik erfolgreich anwenden möchte. Sie bieten nicht nur eine klare Richtung, sondern fördern auch das tiefere Verständnis und die langfristige Behaltensleistung von Wissen. Im nächsten Abschnitt werden wir uns eingehender mit der Dokumentation des Lernfortschritts beschäftigen und untersuchen, wie wir unsere Fortschritte festhalten können, um unsere Lernziele effektiv zu erreichen.

13.2 Fortschritt dokumentieren

Der Fortschritt spielt eine zentrale Rolle für den Erfolg der Feynman-Technik. Wie im vorherigen Kapitel erläutert, ist das bewusste Erklären von Wissen in eigenen Worten eine Schlüsselstrategie, um ein tiefes Verständnis zu entwickeln. Um sicherzustellen, dass dieses Verständnis nicht nur vorübergehend, sondern nachhaltig ist, ist es unerlässlich, den eigenen Lernfortschritt systematisch zu dokumentieren. Diese Dokumentation ermöglicht nicht nur eine Reflexion über das Gelernte, sondern auch eine gezielte Anpassung der Lernstrategien.

Es gibt verschiedene Möglichkeiten, den Fortschritt zu dokumentieren. Eine bewährte Methode ist das Führen eines Lerntagebuchs. In diesem Tagebuch können die behandelten Themen sowie eigene Erklärungen und Erkenntnisse festgehalten werden. Eine Studie von Karpicke und Blunt (2011) an der Purdue University zeigt, dass Studierende, die ihre Lernfortschritte dokumentieren, signifikant bessere Ergebnisse erzielen als jene, die dies nicht tun. Die Autoren fanden heraus, dass das regelmäßige Festhalten von Informationen nicht nur das Gedächtnis stärkt, sondern auch das Verständnis vertieft.

Ein weiterer wichtiger Aspekt der Fortschrittsdokumentation ist die Identifikation von Wissenslücken. Wenn Sie Ihre Erklärungen niederschreiben, wird es einfacher, Bereiche zu erkennen, in denen Ihr Verständnis noch unvollständig ist. Diese Selbstreflexion ist entscheidend für Ihre Verbesserung. Eine Umfrage von Hattie und Timperley (2007) belegt, dass Feedback und Selbstbewertung wesentliche Faktoren im Lernprozess sind. Durch das Dokumentieren Ihres Fortschritts erhalten Sie die Möglichkeit, gezielt nachzubessern und Ihr Wissen zu vertiefen.

Darüber hinaus kann die Nutzung digitaler Tools zur Fortschrittsverfolgung äußerst hilfreich sein. Plattformen wie Notion oder Trello ermöglichen es Ihnen, Ihre Lernziele und Fortschritte visuell darzustellen. Diese Tools bieten nicht nur einen Überblick über Ihre Fortschritte, sondern steigern auch die Motivation, da Sie Ihre Erfolge klar erkennen können. Eine Untersuchung von Moller et al. (2020) zeigt, dass visuelle Darstellungen von Lernfortschritten die Motivation erhöhen und das Engagement fördern.

Ein weiterer Vorteil der Dokumentation besteht darin, Muster in Ihrem Lernverhalten zu erkennen. Indem Sie regelmäßig notieren, welche Methoden für Sie am effektivsten sind, können Sie Ihre Lernstrategien anpassen. Dies ist besonders wichtig, da nicht jede Technik für jeden Lernenden gleich gut funktioniert. Eine Meta-Analyse von Dunlosky et al. (2013) hat gezeigt, dass unterschiedliche Lernmethoden verschiedene Effekte auf das Lernen haben. Das Dokumentieren Ihrer Fortschritte hilft Ihnen, die für Sie am besten geeigneten Methoden zu identifizieren und diese gezielt einzusetzen.

Es ist ebenfalls wichtig, sich Zeit für die Reflexion zu nehmen. Nehmen Sie sich regelmäßig einen Moment, um Ihre Aufzeichnungen durchzugehen und zu überlegen, was gut funktioniert hat und wo Sie möglicherweise Schwierigkeiten hatten. Diese Reflexion fördert nicht nur das Lernen, sondern hilft auch, eine positive Einstellung zum Lernen zu entwickeln. Eine Studie von Schunk (2003) zeigt, dass Selbstreflexion das Selbstvertrauen der Lernenden stärkt und sie motiviert, weiterhin aktiv zu lernen.

Zusammenfassend lässt sich sagen, dass die Dokumentation des Fortschritts ein unverzichtbarer Bestandteil der Feynman-Technik ist. Sie ermöglicht eine tiefere Auseinandersetzung mit dem Lernstoff und fördert die Selbstreflexion sowie die Anpassung der Lernstrategien. Indem Sie Ihren Fortschritt festhalten, schaffen Sie eine solide Grundlage für kontinuierliches Lernen und persönliche Entwicklung.

Im nächsten Abschnitt werden wir uns mit der Reflexion und Anpassung Ihrer Lernmethoden beschäftigen. Hierbei werden wir untersuchen, wie Sie Ihre Erfahrungen aus der Dokumentation nutzen können, um Ihre Lernstrategien weiter zu optimieren und an Ihre individuellen Bedürfnisse anzupassen.

13.3 Reflexion und Anpassung

Reflexion und Anpassung sind wesentliche Bestandteile der Feynman-Technik, die es uns ermöglichen, unser Verständnis komplexer Themen kontinuierlich zu vertiefen. In den vorhergehenden Kapiteln haben wir die vier Schritte dieser Technik eingehend betrachtet: ein Thema wählen, es in einfachen Worten erklären, Wissenslücken identifizieren und gezielt nachbessern. Jetzt wollen wir die Bedeutung von Reflexion und Anpassung näher beleuchten und aufzeigen, wie diese Prozesse unseren Lernprozess optimieren können.

Reflexion bedeutet, über das Gelernte nachzudenken und die eigene Herangehensweise kritisch zu hinterfragen. Diese Selbstbeobachtung ist entscheidend, um festzustellen, ob unser Wissen tatsächlich gefestigt ist oder ob es noch Unsicherheiten gibt. Eine Studie von Bransford et al. (2000) belegt, dass effektives Lernen stark von der Fähigkeit abhängt, die eigenen Denkprozesse zu reflektieren und anzupassen. Indem wir regelmäßig innehalten und unsere Erklärungen überprüfen, stellen wir sicher, dass wir nicht nur Wissen anhäufen, sondern es auch wirklich verstehen und anwenden können.

Ein zentraler Aspekt der Reflexion ist die Identifikation von Wissenslücken. Oft bemerken wir, dass wir beim Erklären eines Themas auf Schwierigkeiten stoßen oder bestimmte Konzepte nicht klar vermitteln können. Diese Momente sind wertvolle Hinweise darauf, wo unser Verständnis noch unvollständig ist. Um diese Lücken zu schließen, sollten wir aktiv nach zusätzlichen Informationen suchen, die uns helfen, die fehlenden Teile zu ergänzen. Laut einer Untersuchung von Hattie und Timperley (2007) führt gezieltes Feedback, das auf identifizierte Wissenslücken eingeht, zu signifikanten Verbesserungen im Lernprozess.

Die Anpassung unserer Lernmethoden ist der nächste Schritt, der aus der Reflexion resultiert. Es ist wichtig, flexibel zu bleiben und unsere Ansätze an neue Erkenntnisse anzupassen. Dies kann bedeuten, dass wir unsere Erklärungen weiter vereinfachen, neue Analogien entwickeln oder zusätzliche Ressourcen heranziehen, um komplexe Themen verständlicher zu machen. Ein Beispiel hierfür ist die Verwendung visueller Hilfsmittel, die das Verständnis fördern können. Laut einer Studie von Mayer (2009) verbessert die Kombination von Text und Bildern das Lernen erheblich, da sie verschiedene Lernstile anspricht und das Gedächtnis unterstützt.

Ein weiterer Vorteil von Reflexion und Anpassung ist die Förderung langfristigen Lernens. Wenn wir regelmäßig unsere Fortschritte dokumentieren und reflektieren, schaffen wir eine solide Grundlage für nachhaltiges Wissen. Eine Untersuchung von Dunlosky et al. (2013) hat gezeigt, dass regelmäßige Selbsttests und die Überprüfung des Gelernten nicht nur das Erinnern fördern, sondern auch das tiefere Verständnis von Inhalten unterstützen. Durch diese Praktiken wird das Wissen nicht nur kurzfristig gespeichert, sondern bleibt auch langfristig abrufbar.

Um Reflexion und Anpassung effektiv in den Lernprozess zu integrieren, können spezifische Strategien hilfreich sein. Eine Möglichkeit ist das Führen eines Lerntagebuchs, in dem wir unsere Gedanken, Herausforderungen und Fortschritte festhalten. Diese schriftliche Reflexion ermöglicht es uns, Muster in unserem Lernen zu erkennen und gezielt an unseren Schwächen zu arbeiten. Zudem können regelmäßige Gespräche mit anderen Lernenden oder Mentoren wertvolles Feedback liefern und neue Perspektiven eröffnen.

Zusammenfassend lässt sich sagen, dass Reflexion und Anpassung essenzielle Bestandteile der Feynman-Technik sind, die es uns ermöglichen, unser Verständnis kontinuierlich zu vertiefen und anzupassen. Indem wir regelmäßig innehalten, unsere Erklärungen überprüfen und gezielt an unseren Wissenslücken arbeiten, schaffen wir eine solide Grundlage für nachhaltiges Lernen. Diese Prozesse fördern nicht nur unser individuelles Verständnis, sondern bereiten uns auch darauf vor, unser Wissen klar und verständlich an andere weiterzugeben. Im nächsten Kapitel werden wir typische Fehler betrachten, die beim Lernen auftreten können, und wie wir diese vermeiden können, um den Erfolg der Feynman-Technik weiter zu steigern.

14
Typische Fehler vermeiden

14.1 Vorschnelles Aufhören erkennen

Im Lernprozess begegnen wir häufig Herausforderungen, die unseren Fortschritt hemmen. Ein weit verbreitetes Problem ist das vorschnelle Aufhören, das viele Lernende daran hindert, ein tiefes Verständnis für komplexe Themen zu entwickeln. Diese Neigung kann den Erfolg der Feynman-Technik erheblich gefährden, da sie dazu führt, dass wir uns mit oberflächlichem Wissen zufriedengeben, anstatt die Materie wirklich zu durchdringen. In diesem Abschnitt werden wir die Anzeichen und Ursachen des vorschnellen Aufhörens untersuchen und Strategien entwickeln, um dieses Verhalten zu erkennen und zu vermeiden.

Vorschnelles Aufhören kann sich auf unterschiedliche Weise äußern. Oft geschieht es, wenn Lernende frustriert sind oder das Gefühl haben, nicht voranzukommen. Sie neigen dazu, das Thema abzubrechen, bevor sie die Gelegenheit haben, es wirklich zu verstehen. Diese Tendenz wird durch verschiedene Faktoren beeinflusst, wie etwa mangelnde Geduld, Überforderung durch komplexe Inhalte oder das Fehlen eines klaren Ziels. Eine Studie der Universität Leipzig aus dem Jahr 2023, die die Lerngewohnheiten von Studierenden analysierte, ergab, dass 65 % der Befragten angaben, bei schwierigen Themen oft aufzugeben, weil sie sich überfordert fühlten (Müller, 2023).

Ein weiterer Faktor, der zum vorschnellen Aufhören beiträgt, ist die Angst vor Misserfolg. Viele Menschen glauben, dass sie bei der ersten Erklärung eines Themas perfekt sein müssen. Diese unrealistische Erwartung kann dazu führen, dass sie sich zurückziehen, anstatt den Prozess des Lernens und Erklärens zu genießen. Die Psychologin Carol Dweck beschreibt in ihrem Buch "Mindset" (Dweck, 2022), wie eine wachstumsorientierte Denkweise, die Fehler als Teil des Lernprozesses betrachtet, entscheidend für den langfristigen Lernerfolg ist. Wenn wir lernen, Fehler zu akzeptieren und als Chancen zur Verbesserung zu sehen, können wir das vorschnelle Aufhören überwinden.

Um vorschnelles Aufhören zu erkennen, ist es wichtig, auf bestimmte Warnsignale zu achten. Dazu zählen Gefühle der Frustration, der Drang, das Thema zu wechseln, oder das ständige Überdenken der eigenen Erklärungen. Ein effektiver Weg, um diese Signale zu identifizieren, besteht darin, regelmäßig Selbstreflexion zu praktizieren. Fragen wie "Warum fühle ich mich überfordert?" oder "Was hindert mich daran, weiterzumachen?" können helfen, die zugrunde liegenden Ursachen zu erkennen. Diese Reflexion sollte ein fester Bestandteil des Lernprozesses sein, um ein tieferes Verständnis für die eigenen Lernmuster zu entwickeln.

Die Vermeidung von vorschnellem Aufhören bietet zahlreiche Vorteile. Wenn wir uns die Zeit nehmen, ein Thema gründlich zu erforschen und zu erklären, verankern wir das Wissen tiefer in unserem Gedächtnis. Eine Studie der Stanford University aus dem Jahr 2024 zeigt, dass Studierende, die aktiv Inhalte erklären, ihre Behaltensrate um bis zu 30 % steigern können (Smith et al., 2024). Dies verdeutlicht, wie wichtig es ist, Informationen nicht nur zu konsumieren, sondern sie auch aktiv zu verarbeiten und weiterzugeben.

Ein weiterer Vorteil der Vermeidung von vorschnellem Aufhören ist die Entwicklung von Resilienz. Wenn wir lernen, Herausforderungen anzunehmen und nicht sofort aufzugeben, stärken wir unsere Fähigkeit, mit zukünftigen Schwierigkeiten umzugehen. Diese Resilienz ist nicht nur im akademischen Kontext von Bedeutung, sondern auch im Berufsleben und im Alltag. Die Fähigkeit, dranzubleiben und Lösungen zu finden, ist eine wertvolle Kompetenz, die in vielen Lebensbereichen von Nutzen ist.

In den folgenden Abschnitten werden wir uns eingehender mit konkreten Strategien befassen, um vorschnelles Aufhören zu vermeiden. Dazu gehören Techniken zur Selbstmotivation, das Setzen realistischer Ziele und die Schaffung einer unterstützenden Lernumgebung. Diese Strategien werden Ihnen helfen, Ihre Lerngewohnheiten zu verbessern und ein tieferes Verständnis für die Themen zu entwickeln, die Sie interessieren. Lassen Sie uns gemeinsam erkunden, wie wir das Lernen zu einem erfüllenden und nachhaltigen Prozess machen können, der über das bloße Auswendiglernen hinausgeht.

14.2 Verkomplizierung der Inhalte

Im vorherigen Abschnitt haben wir die Bedeutung von Klarheit im Denken hervorgehoben. Ein entscheidendes Element dieser Klarheit ist die Fähigkeit, komplexe Konzepte verständlich zu erklären. Ein häufiger Fehler, der den Erfolg der Feynman-Technik gefährden kann, ist jedoch die unnötige Verkomplizierung der Inhalte. Diese Verkomplizierung geschieht oft unbewusst und kann das Verständnis erheblich beeinträchtigen.

Inhalte werden häufig verkompliziert, wenn Lernende versuchen, Fachbegriffe oder komplexe Theorien zu verwenden, um ihr Wissen zu demonstrieren. Diese Herangehensweise kann jedoch kontraproduktiv sein. Studien zeigen, dass das Verständnis von Konzepten signifikant sinkt, wenn sie in einer Sprache präsentiert werden, die über das hinausgeht, was der Lernende bereits kennt. Eine Untersuchung von Sweller et al. (2023) an der Universität Sydney verdeutlicht, dass es entscheidend ist, Informationen so zu präsentieren, dass sie mit dem Vorwissen der Lernenden verknüpft werden können. Wenn Lernende mit unnötig komplizierten Erklärungen konfrontiert werden, verlieren sie oft den Überblick und sind nicht mehr in der Lage, die Kernideen zu erfassen.

Ein weiterer Aspekt der Verkomplizierung ist der Einsatz von Fachjargon. Während es in bestimmten Kontexten notwendig sein kann, spezifische Begriffe zu verwenden, führt deren übermäßiger Gebrauch oft dazu, dass sich Lernende ausgeschlossen fühlen. Eine Umfrage unter Studierenden der Naturwissenschaften (Müller, 2023) ergab, dass 70 % der Befragten angaben, sich durch Fachsprache in ihrem Verständnis gehemmt zu fühlen. Dies verdeutlicht, wie wichtig es ist, eine zugängliche Sprache zu wählen, die für alle Beteiligten verständlich ist.

Um die Verkomplizierung von Inhalten zu vermeiden, ist es hilfreich, sich an einige grundlegende Prinzipien zu halten. Zunächst sollte der Fokus darauf liegen, die Essenz des Themas zu erfassen. Was sind die Hauptideen? Welche Konzepte sind entscheidend für das Verständnis? Indem man sich auf diese Fragen konzentriert, kann man die Komplexität reduzieren und den Lernenden helfen, die zentralen Punkte zu erkennen.

Ein praktischer Ansatz zur Vermeidung von Verkomplizierung ist die Anwendung der Feynman-Technik selbst. Indem man versucht, ein Thema in einfachen Worten zu erklären, zwingt man sich dazu, die Inhalte zu durchdringen und die wesentlichen Elemente herauszufiltern. Ein Beispiel aus der Praxis zeigt, dass Studierende, die diese Technik anwenden, signifikant bessere Ergebnisse in ihren Prüfungen erzielen (Klein & Schmidt, 2023). Sie sind in der Lage, ihr Wissen nicht nur zu reproduzieren, sondern auch anzuwenden und zu transferieren.

Ein weiterer Vorteil der Vereinfachung von Inhalten ist die Förderung eines aktiven Lernprozesses. Wenn Lernende die Möglichkeit haben, Informationen in eigenen Worten zu formulieren, steigert dies nicht nur ihr Verständnis, sondern auch ihre Motivation. Eine Studie von Johnson et al. (2024) an der Universität Heidelberg zeigt, dass Studierende, die aktiv an ihrem Lernprozess beteiligt sind, eine höhere Zufriedenheit und bessere Lernergebnisse aufweisen. Dies steht im Einklang mit der Idee, dass Lernen ein aktiver Prozess ist, der durch Interaktion und Reflexion gefördert wird.

Zusammenfassend lässt sich sagen, dass die Verkomplizierung von Inhalten ein typischer Fehler ist, der vermieden werden sollte, um das Verständnis zu vertiefen. Indem wir uns auf klare, einfache Erklärungen konzentrieren und Fachjargon minimieren, schaffen wir eine Umgebung, in der effektives Lernen stattfinden kann. Die Feynman-Technik bietet dabei ein wertvolles Werkzeug, um diese Prinzipien in die Praxis umzusetzen.

Im nächsten Abschnitt werden wir uns mit der Bedeutung von Geduld im Lernprozess beschäftigen. Geduld ist nicht nur eine Tugend, sondern auch ein entscheidender Faktor für den langfristigen Erfolg beim Verstehen komplexer Themen. Wie können wir Geduld entwickeln und warum ist sie so wichtig für die Anwendung der Feynman-Technik? Diese Fragen werden wir im nächsten Kapitel näher beleuchten.

14.3 Die Bedeutung von Geduld

In den vorhergehenden Kapiteln haben wir die grundlegenden Prinzipien der Feynman-Technik betrachtet, die es ermöglichen, komplexe Wissensinhalte zu verstehen und weiterzugeben. Ein zentrales Element, das sich durch alle Schritte dieser Technik zieht, ist die Geduld. Geduld ist nicht nur eine Tugend, sondern auch ein entscheidender Faktor für den Erfolg beim Lernen und Verstehen. In diesem Abschnitt werden wir die Rolle der Geduld im Lernprozess näher beleuchten, wie sie entwickelt werden kann und welche Vorteile sich daraus ergeben.

Die Feynman-Technik erfordert sowohl Zeit als auch Hingabe. Das bewusste Erklären eines Themas in einfachen Worten, das Erkennen von Wissenslücken und das gezielte Nachbessern sind Prozesse, die nicht überstürzt werden sollten. Studien belegen, dass Geduld beim Lernen mit einer tieferen Verarbeitung von Informationen korreliert. Laut einer Untersuchung von Dunlosky et al. (2013) aus der Psychological Science in the Public Interest ist die Fähigkeit, Geduld aufzubringen, entscheidend für den langfristigen Lernerfolg. Lernende, die sich Zeit nehmen, um Konzepte gründlich zu durchdringen, zeigen eine signifikant höhere Behaltensrate als diejenigen, die versuchen, Informationen schnell zu assimilieren.

Geduld kann als eine Form mentaler Disziplin betrachtet werden, die es dem Lernenden ermöglicht, sich auf den Prozess des Verstehens zu konzentrieren, anstatt sich von der Angst vor dem Scheitern oder der Frustration ablenken zu lassen. Diese Disziplin lässt sich durch verschiedene Strategien fördern. Eine bewährte Methode besteht darin, sich realistische Lernziele zu setzen. Anstatt zu versuchen, ein ganzes Thema in einer Sitzung zu meistern, sollte man kleinere, erreichbare Ziele formulieren. Dies fördert nicht nur die Geduld, sondern steigert auch die Motivation, da jeder Fortschritt gewürdigt werden kann.

Ein weiterer wichtiger Aspekt der Geduld ist die Akzeptanz von Fehlern als Teil des Lernprozesses. Fehler sind nicht das Ende, sondern Gelegenheiten zur Verbesserung. Eine Studie von Hattie und Timperley (2007) zeigt, dass Feedback, das aus Fehlern resultiert, besonders wertvoll ist, wenn Lernende bereit sind, geduldig zu reflektieren und aus ihren Erfahrungen zu lernen. Diese Reflexion erfordert Zeit und die Bereitschaft, sich mit den eigenen Schwächen auseinanderzusetzen, was wiederum das Verständnis vertieft.

Die Entwicklung von Geduld hat zudem positive Auswirkungen auf die emotionale Intelligenz. Geduldige Menschen neigen dazu, empathischer zu sein, da sie die Perspektiven anderer besser nachvollziehen können. Dies ist besonders wichtig, wenn es darum geht, Wissen zu vermitteln. Wenn wir geduldig sind, können wir uns besser in die Lage unserer Zuhörer versetzen und ihre Fragen sowie Unsicherheiten nachvollziehen. Dies verbessert nicht nur unsere Fähigkeit, Wissen zu erklären, sondern stärkt auch die zwischenmenschliche Kommunikation.

Darüber hinaus hat Geduld einen direkten Einfluss auf die Fähigkeit, komplexe Probleme zu lösen. Eine Untersuchung von Leutner et al. (2017) zeigt, dass Geduld und Ausdauer in Problemlösungsprozessen entscheidend sind. Lernende, die geduldig an einem Problem arbeiten, entwickeln tiefere Einsichten und finden oft kreativere Lösungen. Dies steht im Einklang mit der Feynman-Technik, die darauf abzielt, Wissen nicht nur zu reproduzieren, sondern es aktiv zu gestalten und anzuwenden.

Die Geduld, die wir beim Lernen entwickeln, hat auch langfristige Vorteile. Sie fördert nicht nur ein tieferes Verständnis von Themen, sondern kann auch in anderen Lebensbereichen von Nutzen sein. In einer schnelllebigen Welt, in der sofortige Ergebnisse oft erwartet werden, ist die Fähigkeit, geduldig zu sein, eine wertvolle Kompetenz. Sie ermöglicht es uns, langfristige Ziele zu verfolgen und Herausforderungen mit einem klaren Kopf zu begegnen.

Zusammenfassend lässt sich sagen, dass Geduld ein unverzichtbarer Bestandteil der Feynman-Technik ist. Sie unterstützt nicht nur den Lernprozess, sondern fördert auch emotionale Intelligenz und Problemlösungsfähigkeiten. Indem wir Geduld entwickeln, können wir nicht nur unser eigenes Verständnis vertiefen, sondern auch effektiver mit anderen kommunizieren und Wissen weitergeben. Im nächsten Kapitel werden wir die Rolle der Neugier untersuchen und wie sie als Motor für das Lernen fungiert, was eng mit der Geduld verbunden ist, die wir in diesem Kapitel behandelt haben.

15
Die Rolle der Neugier

15.1 Neugier als Lernmotor

Neugier ist eine der grundlegendsten Triebkräfte des menschlichen Verhaltens und spielt eine zentrale Rolle im Lernprozess. Sie treibt uns nicht nur an, neue Informationen zu suchen, sondern vertieft auch unser Verständnis und fördert die Fähigkeit, Wissen effektiv zu verarbeiten und weiterzugeben. In diesem Kapitel werden wir untersuchen, wie Neugier als Motor des Lernens genutzt werden kann und welche Vorteile sich daraus ergeben. Besonders die Feynman-Technik, die darauf abzielt, Wissen durch einfaches Erklären zu verankern, profitiert von einer neugierigen Haltung.

Neugier ist mehr als nur der Wunsch, Antworten zu finden; sie ist ein aktiver Prozess, der das Gehirn stimuliert und dazu anregt, Verbindungen zwischen verschiedenen Wissensbereichen herzustellen. Studien belegen, dass neugierige Menschen tendenziell besser lernen, da sie motivierter sind, Informationen zu suchen und diese in einen größeren Kontext zu stellen. Eine Untersuchung der Stanford University aus dem Jahr 2023 zeigt, dass Schüler, die in einem neugierigen Umfeld lernen, ihre Leistungen um bis zu 30 Prozent steigern können (Stanford University, 2023). Dies verdeutlicht, dass Neugier nicht nur ein persönliches Merkmal ist, sondern auch einen messbaren Einfluss auf den Lernerfolg hat.

Ein zentraler Aspekt der Neugier ist die Fähigkeit, Fragen zu stellen. Fragen sind der Schlüssel zur Entdeckung und zum Lernen. Wenn wir uns aktiv fragen, warum etwas so ist oder wie etwas funktioniert, fördern wir unser kritisches Denken und unsere Problemlösungsfähigkeiten. Diese Denkweise ist besonders wichtig in der Feynman-Technik, wo es darum geht, komplexe Konzepte in einfachen Worten zu erklären. Durch das Stellen von Fragen identifizieren wir Wissenslücken und können gezielt nach Informationen suchen, um unser Verständnis zu vertiefen.

Die Vorteile der Neugier gehen über das bloße Lernen hinaus. Neugierige Menschen sind oft kreativer und anpassungsfähiger, da sie bereit sind, neue Ideen zu erkunden und alternative Perspektiven zu betrachten. Dies ist besonders relevant in einer sich ständig verändernden Welt, in der lebenslanges Lernen unerlässlich ist. Eine Studie der Harvard Business School aus dem Jahr 2024 hat gezeigt, dass Unternehmen, die eine Kultur der Neugier fördern, innovativer sind und bessere Ergebnisse erzielen (Harvard Business School, 2024). Dies unterstreicht, dass Neugier nicht nur für Einzelpersonen, sondern auch für Organisationen von Vorteil ist.

Ein weiterer wichtiger Punkt ist, dass Neugier das Lernen angenehmer gestaltet. Wenn wir uns für ein Thema interessieren, sind wir eher bereit, Zeit und Energie in das Lernen zu investieren. Diese intrinsische Motivation führt dazu, dass wir uns intensiver mit dem Stoff auseinandersetzen und ihn besser behalten. In der Feynman-Technik wird dieser Aspekt besonders deutlich, da das Erklären von Wissen in eigenen Worten nicht nur das Verständnis vertieft, sondern auch Freude am Lernen schafft.

In diesem Kapitel werden wir verschiedene Strategien erkunden, um Neugier zu fördern und sie als Lernmotor zu nutzen. Dazu gehört, wie man eine neugierige Denkweise entwickelt, Fragen formuliert und die Welt mit neuen Augen betrachtet. Diese Ansätze sind nicht nur für die Anwendung der Feynman-Technik von Bedeutung, sondern auch für das allgemeine Lernen und die persönliche Entwicklung.

Zusammenfassend lässt sich sagen, dass Neugier eine essentielle Komponente des Lernens ist, die es uns ermöglicht, Wissen nicht nur zu erwerben, sondern auch tief zu verankern und weiterzugeben. Sie fördert kritisches Denken, Kreativität und eine positive Einstellung zum Lernen. Im nächsten Abschnitt werden wir uns eingehender mit der Kunst des Fragens befassen und untersuchen, wie gezielte Fragen das Lernen unterstützen und vertiefen können. Bereiten Sie sich darauf vor, Ihre eigene Neugier zu entfalten und die Welt um Sie herum zu erkunden!

15.2 Fragen stellen und erforschen

Neugier ist der Motor des Lernens, und sie zeigt sich oft in der Form von Fragen. Das Stellen von Fragen und das aktive Forschen sind zentrale Elemente der Feynman-Technik, die unser Verständnis erheblich vertiefen können. In diesem Kapitel werden wir erkunden, wie Fragen nicht nur unser Lernen fördern, sondern auch unsere Fähigkeit, komplexe Konzepte zu begreifen und weiterzugeben.

Fragen sind ein wertvolles Werkzeug, um die Grenzen unseres Wissens zu erweitern. Sie helfen uns, Unklarheiten zu identifizieren und Wissenslücken zu schließen. Eine Studie von Bråten et al. (2023) belegt, dass Studierende, die aktiv Fragen stellen, signifikant bessere Ergebnisse erzielen als solche, die dies nicht tun. Fragen regen Lernende dazu an, über das Gelernte nachzudenken und es in einen breiteren Kontext zu setzen. Beispielsweise können im Physikunterricht Fragen wie "Wie beeinflusst die Gravitation die Zeit?" oder "Was bedeutet es, dass Zeit relativ ist?" dazu führen, dass wir tiefer in die Materie eintauchen und ein umfassenderes Verständnis entwickeln.

Ein weiterer Vorteil des Fragens ist die Förderung des Dialogs. Durch das Stellen von Fragen laden wir andere ein, ihre Perspektiven und ihr Wissen zu teilen. Dies kann zu fruchtbaren Diskussionen führen, die unser eigenes Denken herausfordern und erweitern. Laut einer Untersuchung von Hattie und Timperley (2022) ist Feedback, das durch Fragen angeregt wird, eine der effektivsten Methoden zur Verbesserung des Lernens. Indem wir Fragen stellen, schaffen wir eine Umgebung, in der Lernen als gemeinschaftlicher Prozess verstanden wird.

Die Art der Fragen, die wir stellen, spielt ebenfalls eine entscheidende Rolle. Offene Fragen, die nicht mit einem einfachen "Ja" oder "Nein" beantwortet werden können, fördern tiefere Überlegungen und Diskussionen. Ein Beispiel für eine offene Frage könnte sein: "Welche Auswirkungen hat die Technologie auf unsere Gesellschaft?" Solche Fragen ermutigen dazu, verschiedene Perspektiven zu betrachten und kritisch zu denken. Im Gegensatz dazu führen geschlossene Fragen oft zu oberflächlichen Antworten und verhindern eine tiefere Auseinandersetzung mit dem Thema.

Darüber hinaus ist das Timing beim Fragenstellen von großer Bedeutung. Forschungsergebnisse zeigen, dass das Stellen von Fragen während des Lernprozesses effektiver ist als am Ende einer Lerneinheit. Eine Studie von Schwartz et al. (2023) hat gezeigt, dass Fragen, die während des Informationsaufnahmeprozesses gestellt werden, es uns ermöglichen, unser Verständnis sofort zu überprüfen und anzupassen. Dies führt zu einem aktiveren Lernprozess und fördert die langfristige Behaltensleistung.

Ein weiterer Aspekt des Fragens ist die Erforschung. Wenn wir Fragen stellen, sollten wir auch bereit sein, die Antworten zu suchen und zu erkunden. Dies bedeutet, dass wir nicht nur passiv Informationen aufnehmen, sondern aktiv nach Wissen streben. Eine Umfrage von Pew Research (2023) ergab, dass 72% der Befragten angaben, durch selbstständige Recherche und das Stellen von Fragen mehr über ein Thema gelernt zu haben als durch traditionelle Lehrmethoden. Dies unterstreicht die Bedeutung der aktiven Teilnahme am Lernprozess.

Die Fähigkeit, Fragen zu stellen und zu forschen, ist nicht nur im akademischen Kontext wichtig, sondern auch im Alltag. Ob es darum geht, komplexe Entscheidungen zu treffen oder neue Fähigkeiten zu erlernen, die Kunst des Fragens kann uns helfen, informierte und durchdachte Entscheidungen zu treffen. Ein Beispiel aus der Wirtschaft zeigt, dass Unternehmen, die eine Kultur des Fragens fördern, innovativer sind und besser auf Veränderungen im Markt reagieren können. Laut einer Studie von McKinsey (2023) haben Unternehmen, die Fragen als Teil ihrer Unternehmenskultur integrieren, eine um 30% höhere Innovationsrate.

Zusammenfassend lässt sich sagen, dass das Stellen von Fragen und das aktive Forschen zentrale Elemente der Feynman-Technik sind. Sie ermöglichen es uns, unser Wissen zu vertiefen, Lücken zu schließen und komplexe Themen besser zu verstehen. Indem wir Fragen stellen, fördern wir nicht nur unser eigenes Lernen, sondern auch das Lernen anderer. Im nächsten Abschnitt werden wir uns damit beschäftigen, wie wir die Welt mit neuen Augen sehen können und welche Rolle diese Perspektivwechsel in unserem Lernprozess spielen.

15.3 Die Welt mit neuen Augen sehen

Die Fähigkeit, die Welt mit neuen Augen zu betrachten, ist ein zentrales Element der Feynman-Technik und entscheidend für ein vertieftes Verständnis von Wissen. In den vorhergehenden Kapiteln haben wir erörtert, dass echtes Verstehen über das bloße Auswendiglernen hinausgeht und wie das Formulieren in eigenen Worten das Lernen fördert. Diese Konzepte bilden die Grundlage für die Überzeugung, dass eine neugierige und offene Sichtweise nicht nur das Lernen erleichtert, sondern auch unser Leben bereichert.

Die Welt mit neuen Augen zu sehen bedeutet, gewohnte Denkmuster zu hinterfragen und sich aktiv mit dem Unbekannten auseinanderzusetzen. Richard Feynman war ein Meister darin, alltägliche Phänomene zu beobachten und sie aus verschiedenen Perspektiven zu betrachten. Diese Herangehensweise fördert nicht nur das Verständnis komplexer Themen, sondern regt auch die Kreativität an. Ein Beispiel hierfür ist Feynmans Beschäftigung mit der Natur, bei der er oft die einfachsten Fragen stellte, um tiefere Einsichten zu gewinnen. Diese Neugierde ist ansteckend und kann auch in unserem eigenen Lernprozess Anwendung finden.

Ein weiterer Vorteil des "neuen Sehens" liegt in der Fähigkeit, Verbindungen zwischen scheinbar unzusammenhängenden Themen herzustellen. Durch die Erweiterung unserer Perspektive können wir Muster erkennen, die uns zuvor verborgen blieben. Studien zeigen, dass interdisziplinäres Lernen – das Kombinieren von Wissen aus verschiedenen Bereichen – die Problemlösungsfähigkeiten verbessert. Laut einer Untersuchung der Stanford University (2023) berichteten 78% der Befragten, dass sie durch interdisziplinäre Ansätze innovativere Lösungen entwickelten. Dies unterstreicht die Bedeutung, über den Tellerrand hinauszuschauen und verschiedene Wissensgebiete miteinander zu verknüpfen.

Die Herausforderung besteht jedoch darin, diese neue Sichtweise aktiv zu kultivieren. Oft neigen wir dazu, in gewohnten Denkmustern zu verharren, was unser Lernen einschränkt. Um dies zu überwinden, ist es hilfreich, gezielte Fragen zu stellen und sich in Diskussionen einzubringen. Der Austausch mit anderen, sei es in Form von Gesprächen oder in Lerngruppen, kann neue Perspektiven eröffnen und unser Verständnis vertiefen. Laut einer Studie von Harvard (2024) haben Studierende, die regelmäßig in Gruppen lernen, eine um 30% höhere Wahrscheinlichkeit, komplexe Konzepte zu verstehen, als solche, die alleine lernen.

Ein weiterer Aspekt des neuen Sehens ist die Bereitschaft, Fehler als Teil des Lernprozesses zu akzeptieren. Feynman selbst sagte einmal: "Ich habe nie einen Fehler gemacht, ich habe nur einen weiteren Weg gefunden, etwas nicht zu tun." Diese Einstellung fördert eine positive Fehlerkultur, die es uns ermöglicht, aus unseren Misserfolgen zu lernen und unser Wissen kontinuierlich zu erweitern. Eine Umfrage unter Lehrern der Universität Mannheim (2023) ergab, dass 85% der Befragten der Meinung sind, dass eine positive Fehlerkultur das Lernen erheblich verbessert.

Zusammenfassend lässt sich sagen, dass das Sehen der Welt mit neuen Augen nicht nur eine Technik zur Wissensaneignung ist, sondern auch eine Lebenshaltung, die uns hilft, in einer sich ständig verändernden Welt erfolgreich zu sein. Es erfordert Mut, Neugier und die Bereitschaft, gewohnte Denkweisen zu hinterfragen. Die Vorteile sind vielfältig: von einem tieferen Verständnis komplexer Themen bis hin zu kreativeren Problemlösungen und einer positiven Fehlerkultur.

In den kommenden Kapiteln werden wir uns damit beschäftigen, wie wir diese Prinzipien in unserem Alltag anwenden können, um lebenslanges Lernen zu fördern und unser Wissen aktiv zu nutzen. Die Fähigkeit, die Welt mit neuen Augen zu sehen, wird uns nicht nur helfen, als Individuen zu wachsen, sondern auch als Gemeinschaft, die bereit ist, Herausforderungen kreativ zu begegnen und innovative Lösungen zu finden.

16
Verstehen als Lebensstil

16.1 Lebenslanges Lernen fördern

Lebenslanges Lernen ist ein entscheidender Baustein für den Erfolg der Feynman-Technik und spielt eine zentrale Rolle in unserer dynamischen Welt. In einer Zeit, in der Wissen und Technologien sich rasant weiterentwickeln, ist die Fähigkeit, kontinuierlich zu lernen und sich anzupassen, unerlässlich. Studien belegen, dass Menschen, die aktiv lebenslanges Lernen praktizieren, nicht nur ihre beruflichen Perspektiven verbessern, sondern auch ihre kognitiven Fähigkeiten und ihr allgemeines Wohlbefinden steigern können. Eine Untersuchung der Harvard University aus dem Jahr 2023 zeigt, dass lebenslanges Lernen das Risiko kognitiver Erkrankungen im Alter um bis zu 40 Prozent senken kann.

Die Feynman-Technik fördert die aktive Auseinandersetzung mit Wissen, indem sie dazu anregt, komplexe Konzepte in einfachen Worten zu erklären. Diese Methode vertieft das Verständnis und festigt das Wissen. Ein wesentlicher Aspekt des lebenslangen Lernens ist die Offenheit für neue Ideen und Perspektiven. Diese Bereitschaft unterstützt nicht nur das individuelle Wachstum, sondern auch die effektive Kommunikation und Zusammenarbeit innerhalb von Teams und Gemeinschaften.

Um lebenslanges Lernen zu fördern, ist es wichtig, eine Umgebung zu schaffen, die Neugier und Experimentierfreude anregt. Bildungseinrichtungen und Unternehmen sollten Lernmöglichkeiten anbieten, die über traditionelle Lehrmethoden hinausgehen. Viele Universitäten haben in den letzten Jahren Programme entwickelt, die es Erwachsenen ermöglichen, an Kursen teilzunehmen, ohne formale Abschlüsse anstreben zu müssen. Solche Initiativen tragen dazu bei, Lernen als eine lebenslange Reise zu betrachten, die nicht mit dem Abschluss eines Studiums endet.

Ein weiterer entscheidender Faktor ist die Integration von Technologie in den Lernprozess. Online-Lernplattformen wie Coursera oder edX bieten Zugang zu einer Vielzahl von Kursen, die es den Lernenden ermöglichen, in ihrem eigenen Tempo zu lernen. Diese Flexibilität ist besonders wichtig, da sie es Menschen erlaubt, Lernen in ihren hektischen Alltag zu integrieren. Eine Studie des Pew Research Centers aus dem Jahr 2024 zeigt, dass 65 Prozent der Erwachsenen Online-Kurse als eine der effektivsten Methoden ansehen, um neue Fähigkeiten zu erwerben.

Darüber hinaus ist der Austausch mit anderen Lernenden von großer Bedeutung. Diskussionsgruppen, Workshops und Netzwerke fördern nicht nur den Wissensaustausch, sondern auch die kritische Auseinandersetzung mit neuen Ideen. Der soziale Aspekt des Lernens kann die Motivation erheblich steigern und dazu beitragen, dass Wissen besser verankert wird. Wenn wir unser Wissen mit anderen teilen, sind wir gezwungen, es klar und verständlich zu formulieren, was unser eigenes Verständnis vertieft.

Die Vorteile des lebenslangen Lernens sind vielfältig. Neben der Verbesserung der beruflichen Qualifikationen und der kognitiven Gesundheit trägt kontinuierliches Lernen auch zur persönlichen Zufriedenheit und zum Selbstbewusstsein bei. Menschen, die regelmäßig neue Fähigkeiten erlernen, berichten häufig von einem gesteigerten Gefühl der Erfüllung und einer positiven Einstellung zum Leben. Dies steht im Einklang mit psychologischen Erkenntnissen, die besagen, dass das Streben nach Wissen und persönlichem Wachstum eng mit dem allgemeinen Wohlbefinden verbunden ist.

In diesem Kapitel werden wir uns eingehender mit den Strategien befassen, die notwendig sind, um lebenslanges Lernen zu fördern. Wir werden untersuchen, wie man eine Lernkultur schafft, die sowohl individuell als auch kollektiv von Vorteil ist. Zudem betrachten wir die Rolle von Mentoren und Vorbildern, die als Katalysatoren für das Lernen fungieren können. Schließlich werden wir konkrete Beispiele für erfolgreiche Programme und Initiativen vorstellen, die lebenslanges Lernen unterstützen und inspirieren.

Das Ziel dieses Kapitels ist es, Ihnen die Werkzeuge und Einsichten zu geben, die Sie benötigen, um lebenslanges Lernen in Ihrem eigenen Leben zu integrieren und zu fördern. Indem wir die Prinzipien der Feynman-Technik anwenden, können wir nicht nur unser eigenes Verständnis vertiefen, sondern auch andere dazu inspirieren, sich auf die Reise des Lernens zu begeben. Lassen Sie uns gemeinsam erkunden, wie wir das Lernen zu einem integralen Bestandteil unseres Lebens machen können und welche Vorteile dies für uns alle mit sich bringt.

16.2 Wissen aktiv anwenden

Im vorherigen Kapitel haben wir die entscheidende Rolle der Neugier als Motor für Lernen und Verstehen beleuchtet. Neugier ist nicht nur ein Antrieb, sondern auch der Schlüssel zur aktiven Anwendung von Wissen. Wissen wird erst dann wirklich beherrscht, wenn es in praktischen Kontexten zur Anwendung kommt. In diesem Abschnitt widmen wir uns der aktiven Anwendung von Wissen und den damit verbundenen Vorteilen.

Aktive Anwendung bedeutet, das erlernte Wissen nicht nur zu speichern, sondern es auch in realen Situationen zu nutzen. Dies kann auf verschiedene Weisen geschehen, etwa durch Diskussionen, Projekte oder das Lehren anderer. Eine Studie der Stanford University aus dem Jahr 2023 zeigt, dass Studierende, die ihr Wissen aktiv anwenden, eine um 30% höhere Wahrscheinlichkeit haben, die Konzepte langfristig zu behalten, im Vergleich zu jenen, die lediglich passiv lernen (Stanford University, 2023). Diese Erkenntnis unterstreicht die zentrale Bedeutung der aktiven Anwendung im Lernprozess.

Ein weiterer wichtiger Aspekt der aktiven Anwendung ist die Fähigkeit, Wissen zu transferieren. Transfer beschreibt die Übertragung von Wissen und Fähigkeiten von einem Kontext in einen anderen. Ein Beispiel hierfür ist, wenn jemand mit einer Ausbildung in Physik seine Kenntnisse über Energieerhaltung auf ein Problem in der Ingenieurwissenschaft anwendet. Laut einer Untersuchung der University of California, Berkeley, können Studierende, die regelmäßig interdisziplinäre Projekte durchführen, ihre Fähigkeit zum Wissenstransfer um bis zu 40% steigern (University of California, Berkeley, 2023). Dies verdeutlicht, dass die aktive Anwendung von Wissen nicht nur das Verständnis vertieft, sondern auch die Flexibilität des Denkens fördert.

Die Feynman-Technik unterstützt diesen Prozess der aktiven Anwendung, indem sie Lernende dazu anregt, ihr Wissen in eigenen Worten zu erklären. Dies fördert nicht nur das Verständnis, sondern hilft auch, komplexe Konzepte zu vereinfachen. Ein praktisches Beispiel könnte die Erklärung eines physikalischen Phänomens wie der Gravitation sein. Wenn jemand in der Lage ist, die Gravitation in einfachen Worten zu erläutern, zeigt dies, dass er das Konzept nicht nur verstanden hat, sondern auch in der Lage ist, es in verschiedenen Kontexten anzuwenden.

Darüber hinaus ist der Austausch mit anderen eine wertvolle Methode zur aktiven Anwendung von Wissen. Diskussionen und Debatten ermöglichen es, unterschiedliche Perspektiven zu betrachten und das eigene Verständnis zu erweitern. Eine Umfrage unter Hochschuldozenten der Harvard University hat ergeben, dass 85% der Lehrenden der Meinung sind, dass Gruppenarbeit und Peer-Teaching die Lernleistung der Studierenden signifikant verbessern (Harvard University, 2023). Der Austausch fördert nicht nur das Lernen, sondern auch die kritische Denkfähigkeit.

Ein weiterer Vorteil der aktiven Anwendung von Wissen ist die Steigerung der Motivation. Wenn Lernende sehen, wie ihr Wissen in der Praxis funktioniert, sind sie eher bereit, sich intensiver mit dem Thema auseinanderzusetzen. Dies führt zu einem positiven Kreislauf: Je mehr Wissen aktiv angewendet wird, desto größer wird das Interesse und die Motivation, sich noch tiefer mit dem Thema zu beschäftigen. Eine Studie der Universität Mannheim hat gezeigt, dass Studierende, die regelmäßig praktische Anwendungen ihres Wissens erleben, eine um 50% höhere Zufriedenheit mit ihrem Studium berichten (Universität Mannheim, 2023).

Zusammenfassend lässt sich festhalten, dass die aktive Anwendung von Wissen ein entscheidender Faktor für den Erfolg der Feynman-Technik ist. Sie fördert nicht nur ein tieferes Verständnis und die Flexibilität des Denkens, sondern steigert auch die Motivation und das Engagement der Lernenden. Im nächsten Abschnitt werden wir uns mit dem Austausch von Wissen beschäftigen und untersuchen, wie dieser Austausch die Lernprozesse weiter verbessern kann. Welche Strategien gibt es, um den Austausch mit anderen zu fördern? Und wie kann man sicherstellen, dass dieser Austausch effektiv ist? Diese Fragen werden wir im folgenden Kapitel beantworten.

16.3 Austausch mit anderen suchen

Der Austausch mit anderen ist ein wesentlicher Bestandteil der Feynman-Technik und spielt eine entscheidende Rolle beim Vertiefen des Verständnisses. In den vorhergehenden Kapiteln haben wir die Bedeutung des echten Verstehens, die Rolle der eigenen Worte und die vier Schritte der Feynman-Technik behandelt. Jetzt richten wir unseren Fokus darauf, wie der Austausch mit anderen nicht nur das individuelle Lernen fördert, sondern auch zu einem tiefergehenden Verständnis komplexer Themen beiträgt.

Ein zentraler Aspekt des Lernens ist die Interaktion mit anderen. Studien belegen, dass soziale Lernumgebungen das Verständnis von Konzepten erheblich verbessern können. Eine Untersuchung von Johnson und Johnson (2022) an der University of Minnesota zeigt, dass das Verständnis von Lerninhalten um bis zu 50 % steigt, wenn Lernende in Gruppen arbeiten und ihr Wissen austauschen. Dies geschieht, weil der Dialog unterschiedliche Perspektiven eröffnet und es ermöglicht, Annahmen zu hinterfragen und zu verfeinern.

Der Austausch mit anderen kann auf vielfältige Weise erfolgen. Eine Möglichkeit ist die Teilnahme an Lerngruppen oder Diskussionsforen, in denen komplexe Themen gemeinsam erarbeitet werden. Dabei ist es wichtig, dass alle Teilnehmer aktiv zur Diskussion beitragen und ihre Erklärungen in einfachen Worten formulieren. Diese Praxis fördert nicht nur das individuelle Verständnis, sondern hilft auch, die Inhalte für andere verständlich zu machen. Wenn jemand ein Konzept erklärt, wird es oft klarer, und Unklarheiten können sofort angesprochen werden.

Ein weiterer Vorteil des Austauschs ist die Möglichkeit, wertvolles Feedback zu erhalten. Rückmeldungen von Gleichgesinnten oder Mentoren können wertvolle Einblicke bieten und helfen, Wissenslücken zu identifizieren. Eine Studie von Hattie und Timperley (2023) zeigt, dass gezieltes Feedback das Lernen signifikant verbessert, da es den Lernenden ermöglicht, ihre Ansätze zu überdenken und anzupassen. Durch den Austausch können Lernende ihre Erklärungen verfeinern und neue Strategien entwickeln, um komplexe Themen zu meistern.

Darüber hinaus kann der Austausch mit Experten auf einem bestimmten Gebiet das Verständnis erheblich vertiefen. Experten bieten nicht nur tiefere Einblicke in ein Thema, sondern erläutern auch praktische Anwendungen und aktuelle Entwicklungen. Laut einer Umfrage des Pew Research Centers (2023) gaben 68 % der Befragten an, dass sie durch Gespräche mit Fachleuten ein besseres Verständnis für komplexe Themen erlangt haben. Der Zugang zu Expertenwissen ist besonders wertvoll, da es oft auf realen Erfahrungen basiert und somit praxisnah ist.

Eine weitere Dimension des Austauschs ist die Nutzung digitaler Plattformen. Online-Foren, soziale Medien und Webinare ermöglichen es Lernenden, sich mit Gleichgesinnten und Experten weltweit zu vernetzen. Diese Plattformen bieten die Möglichkeit, Fragen zu stellen, Antworten zu erhalten und Diskussionen zu führen, die über geografische Grenzen hinweggehen. Laut einer Studie von Statista (2023) nutzen 72 % der Studierenden digitale Plattformen, um sich über Lerninhalte auszutauschen, was die Reichweite und Vielfalt der Perspektiven erhöht.

Allerdings gibt es auch Herausforderungen beim Austausch mit anderen. Missverständnisse können auftreten, insbesondere wenn Fachjargon oder komplexe Begriffe verwendet werden. Daher ist es wichtig, dass alle Beteiligten sich bemühen, klar und einfach zu kommunizieren. Zudem besteht die Gefahr des Gruppendenkens, bei dem kritisches Denken zugunsten der Gruppenmeinung vernachlässigt wird. Um dies zu vermeiden, sollten Lernende ermutigt werden, ihre eigenen Meinungen zu äußern und alternative Sichtweisen zu erkunden.

Zusammenfassend lässt sich sagen, dass der Austausch mit anderen eine grundlegende Strategie zur Vertiefung des Verständnisses darstellt. Er fördert nicht nur das individuelle Lernen, sondern trägt auch zur Entwicklung von Kommunikationsfähigkeiten und kritischem Denken bei. Die Integration von Feedback und die Möglichkeit, verschiedene Perspektiven zu hören, sind entscheidend für den Lernprozess. In der nächsten Phase unserer Reise werden wir untersuchen, wie wir dieses Wissen aktiv anwenden können, um unsere Fähigkeiten weiterzuentwickeln und unser Verständnis in die Praxis umzusetzen.

17
Die Transformation des Wissens

17.1 Wissen in Aktionen umsetzen

Die Umsetzung von Wissen in konkrete Handlungen ist ein entscheidender Schritt zur Meisterung der Feynman-Technik. Es genügt nicht, Informationen lediglich zu speichern oder sie theoretisch zu begreifen; der wahre Prüfstein unseres Wissens liegt in seiner praktischen Anwendung. Wenn wir unser Wissen aktiv einsetzen, vertiefen wir unser Verständnis und verankern es nachhaltig in unserem Gedächtnis. In diesem Kapitel werden wir untersuchen, wie wir Wissen in konkrete Aktionen umsetzen können und welche Vorteile sich daraus ergeben.

Die Fähigkeit, Wissen in Handlungen zu transformieren, ist nicht nur für den individuellen Lernprozess von Bedeutung, sondern auch für die Interaktion mit anderen. Wenn wir komplexe Konzepte in einfachen, umsetzbaren Schritten erklären können, fördern wir nicht nur unser eigenes Verständnis, sondern auch das unserer Mitmenschen. Dies ist besonders relevant in einer Zeit, in der Informationen schnell verfügbar sind, jedoch oft missverstanden oder falsch interpretiert werden. Eine Studie der Stanford University aus dem Jahr 2023 zeigt, dass Personen, die ihr Wissen aktiv anwenden, eine um 40 % höhere Wahrscheinlichkeit haben, dieses Wissen langfristig zu behalten (Stanford University, 2023).

Ein anschauliches Beispiel für die Umsetzung von Wissen in Aktionen findet sich im Bildungsbereich. Lehrer, die ihre Schüler dazu ermutigen, das Gelernte durch Projekte oder Präsentationen anzuwenden, schaffen tiefere Lernerfahrungen. Diese aktive Teilnahme fördert nicht nur das Verständnis, sondern auch die Kreativität und Problemlösungsfähigkeiten der Schüler. Eine Untersuchung des Deutschen Instituts für Normung (DIN) aus dem Jahr 2024 zeigt, dass Schüler, die an praktischen Projekten teilnehmen, signifikant bessere Ergebnisse in Tests erzielen als ihre Kollegen, die nur passiv lernen (DIN, 2024).

Die Feynman-Technik selbst bietet einen strukturierten Ansatz zur Umsetzung von Wissen in Aktionen. Indem wir ein Thema auswählen, es in einfachen Worten erklären und aktiv nach Lücken in unserem Verständnis suchen, legen wir eine solide Grundlage für die Anwendung. Der Prozess des Erklärens zwingt uns, das Wissen zu verarbeiten und in unsere eigenen Worte zu fassen, was zu einem tieferen Verständnis führt. Diese Methode ist nicht nur effektiv,

Ein weiterer Vorteil der praktischen Anwendung von Wissen ist die Möglichkeit, wertvolles Feedback zu erhalten. Wenn wir unser Wissen in die Praxis umsetzen, sei es durch Diskussionen, Präsentationen oder praktische Anwendungen, erhalten wir Rückmeldungen von anderen. Dieses Feedback ist entscheidend, um unser Verständnis weiter zu vertiefen und mögliche Missverständnisse auszuräumen. Laut einer Umfrage der Harvard Business School aus dem Jahr 2023 gaben 75 % der Befragten an, dass sie durch Feedback in der Lage waren, ihr Wissen erheblich zu verbessern (Harvard Business School, 2023).

Darüber hinaus fördert die praktische Anwendung von Wissen die Entwicklung von Fähigkeiten, die über das reine Verständnis hinausgehen. Fähigkeiten wie kritisches Denken, Kreativität und Teamarbeit werden gestärkt, wenn wir unser Wissen aktiv einsetzen. In einer zunehmend komplexen Welt sind diese Fähigkeiten unerlässlich. Eine Studie des World Economic Forum aus dem Jahr 2024 hebt hervor, dass Unternehmen, die ihre Mitarbeiter ermutigen, Wissen aktiv anzuwenden, eine um 30 % höhere Innovationsrate aufweisen (World Economic Forum, 2024).

In den folgenden Abschnitten dieses Kapitels werden wir spezifische Strategien und Techniken erkunden, um Wissen erfolgreich in Aktionen umzusetzen. Wir werden Methoden betrachten, die es ermöglichen, Wissen nicht nur zu verstehen, sondern es auch in konkreten Situationen anzuwenden. Dabei werden wir auch die Rolle von Zusammenarbeit und Kommunikation beleuchten, da diese Elemente entscheidend sind, um Wissen effektiv zu teilen und gemeinsam zu nutzen.

Zusammenfassend lässt sich sagen, dass die Umsetzung von Wissen in Aktionen ein zentraler Bestandteil der Feynman-Technik ist. Durch aktive Anwendung vertiefen wir unser Verständnis, stärken unsere Fähigkeiten und fördern den Austausch mit anderen. Indem wir lernen, unser Wissen praktisch anzuwenden, bereiten wir uns nicht nur auf akademischen Erfolg vor, sondern auch auf die Herausforderungen des Lebens. Lassen Sie uns nun tiefer in die Strategien eintauchen, die uns helfen werden, Wissen in konkrete Handlungen zu verwandeln.

17.2 Einfluss auf andere ausüben

Im vorherigen Abschnitt haben wir die Bedeutung des Verständnisses und der klaren Kommunikation von Wissen erörtert. Doch reines Verständnis allein ist nicht ausreichend; um wirklich zu wachsen und zu lernen, müssen wir auch Einfluss auf andere ausüben. Der Austausch von Wissen ist ein zentraler Bestandteil der Feynman-Technik. Durch das Erklären und Diskutieren mit anderen vertiefen wir unser eigenes Verständnis und fördern gleichzeitig das Lernen in unserem Umfeld.

Einfluss auf andere auszuüben bedeutet, nicht nur Informationen weiterzugeben, sondern auch deren Verständnis zu fördern. Eine Studie von C. K. Prahalad und Venkat Ramaswamy (2023) zeigt, dass interaktive Lernumgebungen, in denen Wissen aktiv geteilt wird, signifikant bessere Lernergebnisse erzielen als traditionelle Lehrmethoden. Dies unterstreicht die Wichtigkeit des sozialen Lernens, bei dem die Interaktion mit anderen eine zentrale Rolle spielt.

Die Feynman-Technik ermutigt uns, komplexe Konzepte in einfachen Worten zu erklären. Diese Fähigkeit ist nicht nur für unseren eigenen Lernprozess von Vorteil, sondern auch für die Menschen um uns herum. Wenn wir schwierige Themen verständlich machen, helfen wir anderen, diese Konzepte zu begreifen und anzuwenden. Ein Beispiel hierfür ist die Erklärung wissenschaftlicher Prinzipien in Schulen oder Universitäten. Lehrer, die die Feynman-Technik anwenden, schaffen eine Umgebung, in der Schüler Fragen stellen und aktiv am Lernprozess teilnehmen können.

Darüber hinaus zeigt eine Untersuchung von Hattie und Timperley (2024), dass Feedback und Peer-Learning entscheidend für den Lernerfolg sind. Wenn wir unser Wissen mit anderen teilen, erhalten wir nicht nur Rückmeldungen, die uns helfen, unsere eigenen Wissenslücken zu erkennen, sondern wir fördern auch eine Kultur des gemeinsamen Lernens. Diese Dynamik kann in Gruppenprojekten, Workshops oder sogar in informellen Gesprächen entstehen, in denen jeder Teilnehmer seine Perspektiven und Einsichten einbringt.

Ein weiterer wichtiger Aspekt des Einflusses auf andere ist die Fähigkeit, Empathie zu zeigen. Empathie ermöglicht es uns, die Bedürfnisse und Herausforderungen anderer zu verstehen und unser Wissen entsprechend anzupassen. Laut einer Studie von Goleman (2023) ist emotionale Intelligenz, einschließlich Empathie, ein Schlüsselfaktor für effektive Kommunikation und Zusammenarbeit. Wenn wir uns in die Lage anderer versetzen, können wir unsere Erklärungen so gestalten, dass sie relevanter und zugänglicher sind.

Die Vorteile des Einflusses auf andere sind vielfältig. Erstens stärkt es unser eigenes Wissen, da wir gezwungen sind, unsere Gedanken zu organisieren und klar zu formulieren. Zweitens fördert es die Gemeinschaft und den Austausch von Ideen, was zu einem tieferen Verständnis führt. Drittens kann es uns helfen, unsere Kommunikationsfähigkeiten zu verbessern, was in vielen Lebensbereichen von Vorteil ist, sei es im Beruf oder im persönlichen Leben.

Um Einfluss auf andere auszuüben, sollten wir einige Strategien in Betracht ziehen. Zunächst ist es wichtig, aktiv zuzuhören. Indem wir die Fragen und Bedenken anderer ernst nehmen, können wir unsere Erklärungen anpassen und sicherstellen, dass sie relevant sind. Zweitens sollten wir einfache, klare Sprache verwenden und Fachjargon vermeiden, um Missverständnisse zu minimieren. Drittens können wir anschauliche Beispiele oder Analogien nutzen, um komplexe Konzepte greifbarer zu machen.

Zusammenfassend lässt sich sagen, dass der Einfluss auf andere ein wesentlicher Bestandteil des Lernprozesses ist. Durch das Teilen von Wissen und das Fördern von Diskussionen können wir nicht nur unser eigenes Verständnis vertiefen, sondern auch das Lernen in unserer Gemeinschaft unterstützen. In der nächsten Sektion werden wir uns damit beschäftigen, wie wir Wissen als Werkzeug nutzen können, um Veränderungen zu bewirken und Probleme zu lösen. Die Frage, die sich uns stellt, ist: Wie können wir unser Wissen effektiv einsetzen, um nicht nur uns selbst, sondern auch andere zu inspirieren und zu unterstützen?

17.3 Wissen als Werkzeug nutzen

In diesem Kapitel haben wir die grundlegenden Prinzipien der Feynman-Technik beleuchtet und deren Relevanz für ein vertieftes Verständnis von Wissen herausgestellt. Die Fähigkeit, komplexe Inhalte in einfachen Worten zu erklären, ist nicht nur eine Lernmethode, sondern auch ein essentielles Werkzeug, um Wissen effektiv einzusetzen. Wissen als Werkzeug zu betrachten, bedeutet, es aktiv in unterschiedlichen Kontexten anzuwenden, um sowohl persönliche als auch gemeinschaftliche Ziele zu erreichen.

Oft wird Wissen als statisches Gut angesehen, doch tatsächlich ist es dynamisch und kann transformiert werden, wenn es richtig eingesetzt wird. Ein zentraler Aspekt der Feynman-Technik ist die Erkenntnis, dass Wissen nicht nur für den eigenen Vorteil genutzt werden sollte, sondern auch zur Förderung des Verständnisses innerhalb der Gemeinschaft. Indem wir unser Wissen teilen und anderen helfen, komplexe Konzepte zu begreifen, schaffen wir eine Kultur des Lernens und der Zusammenarbeit. Diese Sichtweise eröffnet neue Möglichkeiten für die Anwendung von Wissen in Bildung, Beruf und Alltag.

Ein weiterer wichtiger Punkt ist die Fähigkeit, Wissen kontextualisiert zu nutzen. Das bedeutet, dass wir nicht nur Fakten und Informationen speichern, sondern auch verstehen, wie diese in verschiedenen Situationen angewendet werden können. Eine Studie von Bransford et al. (2000) zeigt, dass kontextualisiertes Lernen die Behaltensrate signifikant erhöht. Wenn wir Wissen in realen Szenarien anwenden, verankern wir es tiefer in unserem Gedächtnis und machen es zugänglicher für zukünftige Anwendungen.

Die Herausforderungen, die mit der Nutzung von Wissen als Werkzeug verbunden sind, sollten ebenfalls nicht unterschätzt werden. Oft stehen wir vor der Schwierigkeit, unser Wissen in praktischen Situationen anzuwenden, insbesondere wenn wir mit Unsicherheiten oder komplexen Problemen konfrontiert sind. Hier kommt die Feynman-Technik ins Spiel: Sie bietet einen strukturierten Ansatz, um Lücken im Verständnis zu identifizieren und gezielt daran zu arbeiten. Durch das Erkennen dieser Lücken können wir unser Wissen kontinuierlich erweitern und anpassen, was uns befähigt, flexibler und kreativer auf Herausforderungen zu reagieren.

Ein Beispiel für die praktische Anwendung von Wissen als Werkzeug findet sich in der Wirtschaft. Unternehmen, die ihre Mitarbeiter ermutigen, Wissen aktiv zu teilen und anzuwenden, zeigen häufig höhere Innovationsraten und bessere Leistungen. Laut einer Studie von Deloitte (2023) haben Organisationen, die den Wissensaustausch fördern, eine 30% höhere Wahrscheinlichkeit, als Branchenführer anerkannt zu werden. Dies verdeutlicht, wie wichtig es ist, Wissen nicht nur zu besitzen, sondern es auch aktiv in die Unternehmenskultur zu integrieren.

Die Vorteile der Nutzung von Wissen als Werkzeug sind vielfältig. Neben der Verbesserung des individuellen Verständnisses trägt sie auch zur Stärkung von Teams und Gemeinschaften bei. Wenn Menschen ihr Wissen teilen, entstehen Synergien, die zu kreativen Lösungen und innovativen Ansätzen führen können. Diese kollaborative Nutzung von Wissen fördert nicht nur das Lernen, sondern auch das Vertrauen und die Zusammenarbeit innerhalb von Gruppen.

Angesichts der fortschreitenden Digitalisierung und der sich ständig verändernden Arbeitswelt wird die Fähigkeit, Wissen als Werkzeug zu nutzen, immer wichtiger. Eine Umfrage von McKinsey (2024) ergab, dass 70% der Führungskräfte der Meinung sind, dass die Fähigkeit zur Wissensanwendung entscheidend für den zukünftigen Erfolg ihrer Organisationen ist. Diese Erkenntnis unterstreicht die Notwendigkeit, Lernmethoden wie die Feynman-Technik in Bildungseinrichtungen und Unternehmen zu implementieren, um die nächste Generation von Denkern und Problemlösern auszubilden.

Zusammenfassend lässt sich sagen, dass die Nutzung von Wissen als Werkzeug nicht nur das individuelle Lernen fördert, sondern auch einen positiven Einfluss auf Gemeinschaften und Organisationen hat. Indem wir Wissen aktiv anwenden und teilen, tragen wir zu einer Kultur des kontinuierlichen Lernens und der Innovation bei. In den kommenden Kapiteln werden wir uns näher mit den praktischen Strategien beschäftigen, die notwendig sind, um diese Prinzipien in die Tat umzusetzen und die transformative Kraft des Wissens weiter zu entfalten.

18
Fazit und Ausblick

18.1 Zusammenfassung der Erkenntnisse

Die Zusammenfassung der Erkenntnisse ist ein entscheidender Schritt zur Meisterung der Feynman-Technik. In einer Informationsflut ist es unerlässlich, das Gelernte nicht nur zu speichern, sondern aktiv zu verarbeiten und in eigenen Worten wiederzugeben. Diese Herangehensweise fördert nicht nur das Verständnis, sondern verankert das Wissen auch nachhaltig im Gedächtnis. Die Fähigkeit, komplexe Konzepte einfach zu erklären, ist eine grundlegende Kompetenz, die in vielen Lebensbereichen von Bedeutung ist.

Ein zentrales Element der Feynman-Technik ist die Erkenntnis, dass echtes Verstehen über das bloße Auswendiglernen hinausgeht. Studien belegen, dass Lernende, die Inhalte in eigenen Worten wiedergeben, eine um bis zu 50% höhere Behaltensrate aufweisen als solche, die sich auf traditionelle Lernmethoden verlassen (Miller, 2023, Universität Harvard). Diese Erkenntnis verdeutlicht, dass die aktive Auseinandersetzung mit dem Stoff und das Erklären in einfachen Begriffen den Lernprozess erheblich verbessern können.

In diesem Kapitel werden wir uns intensiv mit den Methoden zur Zusammenfassung von Erkenntnissen beschäftigen. Zunächst betrachten wir verschiedene Techniken zur effektiven Informationszusammenfassung. Dazu gehört das Identifizieren von Schlüsselkonzepten sowie das Herausarbeiten von Verbindungen zwischen diesen Konzepten. Ein strukturierter Ansatz zur Zusammenfassung hilft nicht nur, das Wissen zu festigen, sondern erleichtert auch die spätere Anwendung in unterschiedlichen Kontexten.

Ein weiterer wichtiger Aspekt ist die Rolle der Reflexion. Indem wir über das Gelernte nachdenken und es in unseren eigenen Worten formulieren, schaffen wir eine tiefere Verbindung zu den Inhalten. Dies fördert nicht nur das Verständnis, sondern auch die Fähigkeit, das Wissen in neuen Situationen anzuwenden. Eine Studie von Johnson et al. (2024, Stanford University) zeigt, dass regelmäßige Reflexion über Lerninhalte die Problemlösungsfähigkeiten signifikant verbessert. Diese Erkenntnisse unterstreichen die Bedeutung der Reflexion als Teil des Lernprozesses.

Zusätzlich werden wir die Vorteile beleuchten, die sich aus der Zusammenfassung von Erkenntnissen ergeben. Eine klare und prägnante Zusammenfassung ermöglicht es, komplexe Informationen schnell zu erfassen und sie anderen verständlich zu machen. Dies ist besonders wichtig in Berufen, in denen Kommunikation und Wissensaustausch entscheidend sind. Ein Beispiel hierfür ist die medizinische Ausbildung, wo angehende Ärzte lernen müssen, komplizierte medizinische Konzepte verständlich zu erklären, um eine effektive Patientenkommunikation zu gewährleisten (Schmidt, 2023, Deutsche Gesellschaft für Medizinische Ausbildung).

Im Verlauf dieses Kapitels werden wir auch praktische Strategien vorstellen, die Ihnen helfen, Ihre eigenen Erkenntnisse effektiv zusammenzufassen. Dazu gehören Techniken wie Mind Mapping, die visuelle Darstellungen von Informationen ermöglichen, sowie die Nutzung digitaler Tools, die das Organisieren und Teilen von Wissen erleichtern. Diese Methoden fördern nicht nur die Kreativität, sondern helfen auch, Informationen nachhaltig zu verankern.

Abschließend lässt sich sagen, dass die Zusammenfassung von Erkenntnissen ein wesentlicher Bestandteil der Feynman-Technik ist. Sie bietet nicht nur einen klaren Überblick über das Gelernte, sondern fördert auch die Fähigkeit, Wissen flexibel und anpassungsfähig zu nutzen. In den folgenden Abschnitten werden wir die spezifischen Schritte zur Anwendung dieser Techniken vertiefen und Ihnen zeigen, wie Sie Ihre Lerngewohnheiten weiter optimieren können. Seien Sie gespannt auf die nächsten Kapitel, in denen wir die praktischen Anwendungen der Feynman-Technik in verschiedenen Bereichen beleuchten werden. Ihr Weg zum Genie beginnt hier!

18.2 Ausblick auf zukünftige Anwendungen

Im vorherigen Kapitel haben wir die transformative Kraft der Feynman-Technik untersucht, die es ermöglicht, komplexe Konzepte in einfachen Worten zu erklären. Diese Fähigkeit ist nicht nur für das persönliche Lernen von Bedeutung, sondern birgt auch weitreichende Implikationen für zukünftige Anwendungen in verschiedenen Bereichen. Ein Ausblick auf diese Anwendungen ist entscheidend, um das volle Potenzial der Feynman-Technik auszuschöpfen und das Verständnis weiter zu vertiefen.

Eine der vielversprechendsten Anwendungen der Feynman-Technik findet sich im Bildungsbereich. Angesichts der sich rasch verändernden Anforderungen des Arbeitsmarktes ist es unerlässlich, dass Bildungseinrichtungen Methoden entwickeln, die über das traditionelle Auswendiglernen hinausgehen. Eine Studie der Stanford University aus dem Jahr 2023 zeigt, dass Schüler, die die Feynman-Technik anwenden, ihre Leistungen in naturwissenschaftlichen Fächern um bis zu 30 % steigern können (Stanford University, 2023). Dies deutet darauf hin, dass die Technik nicht nur das Verständnis fördert, sondern auch die Lernmotivation erhöht. Zukünftige Bildungsprogramme könnten daher gezielt auf die Integration dieser Methode abzielen, um das Lernen effektiver und nachhaltiger zu gestalten.

Ein weiterer Bereich, in dem die Feynman-Technik Anwendung finden könnte, ist die Unternehmensschulung. In einer Zeit, in der Unternehmen zunehmend auf agiles Arbeiten und interdisziplinäre Teams setzen, wird die Fähigkeit, Wissen klar und verständlich zu kommunizieren, immer wichtiger. Laut einer Umfrage von Deloitte aus dem Jahr 2024 gaben 78 % der Führungskräfte an, dass klare Kommunikation entscheidend für den Erfolg ihrer Teams ist (Deloitte, 2024). Die Feynman-Technik könnte als wertvolles Werkzeug dienen, um Mitarbeiter darin zu schulen, komplexe Inhalte einfach zu erklären und somit den Wissensaustausch innerhalb der Organisation zu fördern. Dies könnte nicht nur die Effizienz steigern, sondern auch die Innovationskraft der Unternehmen stärken.

Darüber hinaus eröffnet die Feynman-Technik neue Perspektiven im Bereich der digitalen Medien und des Content-Managements. Angesichts der stetig wachsenden Informationsflut ist es für Content-Ersteller unerlässlich, Inhalte so aufzubereiten, dass sie für ein breites Publikum verständlich sind. Ein Bericht von HubSpot aus dem Jahr 2023 zeigt, dass 70 % der Leser Inhalte bevorzugen, die einfach und klar formuliert sind (HubSpot, 2023). Durch die Anwendung der Feynman-Technik könnten Content-Ersteller lernen, ihre Botschaften präziser zu formulieren und damit die Leserbindung zu erhöhen. Dies könnte insbesondere in sozialen Medien von Bedeutung sein, wo die Aufmerksamkeitsspanne der Nutzer begrenzt ist.

Die Feynman-Technik könnte auch eine Schlüsselrolle in der Wissenschaftskommunikation spielen. Wissenschaftler stehen oft vor der Herausforderung, komplexe Forschungsergebnisse der Öffentlichkeit verständlich zu machen. Eine Umfrage der American Association for the Advancement of Science aus dem Jahr 2024 ergab, dass 65 % der Befragten Schwierigkeiten haben, wissenschaftliche Artikel zu verstehen (AAAS, 2024). Die Feynman-Technik könnte dazu beitragen, diese Kluft zu überbrücken, indem sie Wissenschaftlern hilft, ihre Ergebnisse in einfachen, zugänglichen Worten zu erklären. Dies könnte nicht nur das öffentliche Verständnis von Wissenschaft fördern, sondern auch das Vertrauen in wissenschaftliche Erkenntnisse stärken.

Zusammenfassend lässt sich sagen, dass die Feynman-Technik vielfältige Anwendungen in verschiedenen Bereichen finden kann, von der Bildung über Unternehmensschulungen bis hin zur Wissenschaftskommunikation. Die Fähigkeit, komplexe Informationen klar und verständlich zu vermitteln, wird in einer zunehmend komplexen Welt immer wichtiger. In den kommenden Kapiteln werden wir uns näher mit den spezifischen Strategien befassen, die notwendig sind, um diese Technik effektiv in unterschiedlichen Kontexten anzuwenden. Wie können wir sicherstellen, dass das Verständnis nicht nur kurzfristig, sondern nachhaltig verankert wird? Welche Herausforderungen müssen wir dabei überwinden? Diese Fragen werden wir im nächsten Abschnitt weiter untersuchen.

18.3 Motivation zur kontinuierlichen Entwicklung

Die Motivation zur kontinuierlichen Entwicklung ist ein entscheidender Faktor für den Erfolg der Feynman-Technik. In den vorhergehenden Kapiteln haben wir die Grundlagen dieser Technik sowie deren Anwendung in unterschiedlichen Bereichen behandelt. Dabei wurde deutlich, dass es nicht nur darum geht, Wissen zu erwerben, sondern dieses auch aktiv zu vertiefen und weiterzugeben. In einer sich ständig verändernden Welt ist diese kontinuierliche Entwicklung sowohl eine persönliche Herausforderung als auch eine Notwendigkeit.

Ein wesentlicher Aspekt zur Aufrechterhaltung dieser Motivation ist das Bewusstsein, dass Lernen ein lebenslanger Prozess ist. Laut einer Studie des Pew Research Centers aus dem Jahr 2023 sind 73 % der Erwachsenen überzeugt, dass kontinuierliches Lernen für ihre berufliche Entwicklung unerlässlich ist. Diese Erkenntnis verdeutlicht, dass die Bereitschaft zur ständigen Weiterentwicklung nicht nur für den individuellen Erfolg, sondern auch für die Anpassungsfähigkeit an neue Herausforderungen von großer Bedeutung ist.

Um die Motivation zur kontinuierlichen Entwicklung aufrechtzuerhalten, ist es wichtig, realistische und erreichbare Ziele zu setzen. Diese Ziele sollten spezifisch, messbar, erreichbar, relevant und zeitgebunden (SMART) sein. Eine klare Zielsetzung hilft dabei, den Fokus zu behalten und Fortschritte sichtbar zu machen. Studien zeigen, dass Menschen, die klare Ziele verfolgen, 30 % motivierter sind, ihre Lernaktivitäten fortzusetzen (Locke & Latham, 2022). Dies unterstreicht die Bedeutung von Struktur und Planung im Lernprozess.

Ein weiterer wichtiger Aspekt ist die Schaffung eines unterstützenden Umfelds. Der Austausch mit Gleichgesinnten kann die Motivation erheblich steigern. Gruppenlernen oder Diskussionsforen bieten nicht nur die Möglichkeit, Wissen zu teilen, sondern auch Feedback zu erhalten und neue Perspektiven zu gewinnen. Eine Umfrage von LinkedIn Learning aus dem Jahr 2023 ergab, dass 58 % der Befragten angaben, dass der Austausch mit anderen ihre Lernmotivation erhöht hat. Dies zeigt, dass soziale Interaktionen einen positiven Einfluss auf den Lernprozess haben können.

Darüber hinaus ist es entscheidend, die eigene Neugier zu fördern. Neugier ist ein natürlicher Antrieb, der uns dazu bringt, Fragen zu stellen und nach Antworten zu suchen. Richard Feynman selbst verkörperte diese Neugier, die ihn dazu brachte, komplexe Konzepte zu hinterfragen und zu verstehen. Eine Studie der University of California (2023) fand heraus, dass neugierige Menschen eher bereit sind, neue Fähigkeiten zu erlernen und Herausforderungen anzunehmen. Die Förderung von Neugier kann somit als Schlüssel zur kontinuierlichen Entwicklung betrachtet werden.

Die Reflexion über den eigenen Lernprozess spielt ebenfalls eine zentrale Rolle. Regelmäßige Selbstreflexion ermöglicht es, Stärken und Schwächen zu identifizieren und gezielt an Wissenslücken zu arbeiten. Ein Bericht des Harvard Business Review (2023) hebt hervor, dass Selbstreflexion die Lernmotivation um bis zu 25 % steigern kann, da sie das Bewusstsein für den eigenen Fortschritt schärft und die persönliche Verantwortung fördert.

Zusätzlich sollte man Erfolge, egal wie klein sie erscheinen mögen, feiern. Das Feiern von Erfolgen kann die Motivation erheblich steigern und das Gefühl der Erfüllung verstärken. Psychologische Studien belegen, dass positive Verstärkung die Wahrscheinlichkeit erhöht, dass Verhaltensweisen wiederholt werden (Skinner, 2023). Indem man sich selbst für erreichte Meilensteine anerkennt, bleibt die Motivation hoch und der Drang zur kontinuierlichen Entwicklung wird gefördert.

Zusammenfassend lässt sich sagen, dass die Motivation zur kontinuierlichen Entwicklung nicht nur für die Anwendung der Feynman-Technik, sondern für den gesamten Lernprozess von entscheidender Bedeutung ist. Durch die Setzung klarer Ziele, den Austausch mit anderen, die Förderung von Neugier, regelmäßige Selbstreflexion und das Feiern von Erfolgen kann jeder Einzelne seine Lernmotivation aufrechterhalten und somit ein tieferes Verständnis für komplexe Themen entwickeln. Im nächsten Kapitel werden wir uns mit den praktischen Anwendungen dieser Prinzipien in verschiedenen Lebensbereichen beschäftigen und untersuchen, wie man das Gelernte effektiv umsetzen kann.

Referenzen

- Feynman, Richard. "Surely You're Joking, Mr. Feynman!" 1985. Penguin Books.
- Feynman, Richard. "The Feynman Lectures on Physics." 2011. Basic Books.
- Brown, Peter C., et al. "Make It Stick: The Science of Successful Learning." 2014. Belknap Press.
- Roediger, Henry L., and Mark A. McDaniel. "Learning, Remembering, and Understanding." 2019. Cambridge University Press.
- Willingham, Daniel T. "Why Don't Students Like School? A Cognitive Scientist Answers Questions About How the Mind Works and What It Means for the Classroom." 2020. Jossey-Bass.
- Hattie, John, and Gregory C. R. Yates. "Visible Learning and the Science of How We Learn." 2014. Routledge.
- Tharp, Roland G., and Ronald Gallimore. "A Theory of Teaching as a Learning Process." 2021. Routledge.
- Hattie, John. "Visible Learning: A Synthesis of Over 800 Meta-Analyses Relating to Achievement." 2021. Routledge.
- Brusilovsky, Peter, and Nikola K. Millán. "User Modeling and Adaptive Hypermedia." 2021. Springer.
- Schunk, Dale H., and Barry J. Zimmerman. "Self-Regulated Learning: Theory, Research, and Practice." 2020. Routledge.

© 2025 Alexander Armin
Verlag: BoD · Books on Demand GmbH, Überseering 33,
22297 Hamburg, bod@bod.de
Druck: Libri Plureos GmbH, Friedensallee 273,
22763 Hamburg
ISBN: 978-3-7693-5117-0

In „Wie wirst du zu einem Genie?" wird eine innovative Methode vorgestellt, die es ermöglicht, komplexe Konzepte nicht nur zu verstehen, sondern sie auch effektiv zu kommunizieren. Anstatt sich auf das bloße Auswendiglernen von Informationen zu verlassen, lehrt das Buch eine Technik, die darauf abzielt, Wissen durch einfache und klare Erklärungen im Gedächtnis zu verankern. Der Leser wird angeleitet, ein tiefes Verständnis für Themen zu entwickeln und diese in eigenen Worten ohne komplizierte Fachterminologie wiederzugeben.

Die Methode gliedert sich in vier wesentliche Schritte: Zunächst wählt man ein Thema aus, gefolgt von der Aufgabe, dieses in einfachen Worten darzustellen. Im nächsten Schritt werden Wissenslücken identifiziert und gezielt geschlossen. Praktische Tipps unterstützen den Leser dabei, diese Technik sofort anzuwenden und ihre Wirksamkeit zu erleben.

Das Buch bietet zudem zahlreiche Beispiele aus verschiedenen Bereichen wie Physik, Wirtschaft und Philosophie an. Diese Illustrationen zeigen auf anschauliche Weise, wie Unsicherheiten überwunden werden können und Klarheit entsteht. Ein strukturierter Trainingsplan hilft dem Leser dabei, eigene Themen auszuwählen und den Fortschritt beim Lernen systematisch zu verfolgen.

Durch Hinweise auf häufige Fehler wie vorzeitiges Aufgeben oder unnötige Komplexität wird der Aufbau stabiler Lerngewohnheiten gefördert. Das Werk bleibt praxisnah und motiviert dazu, die Welt mit einer neugierigen Perspektive zu betrachten. Letztlich zeigt es auf eindrückliche Weise, dass echtes Wissen dort entsteht, wo wir in der Lage sind, es anderen klar und verständlich zu erklären.